企业经营沙盘模拟理论与实务

主　编　肖振锈　　陈小丽　　吴超云

副主编　肖　文　　杨运娇　　黄金帅

参　编　王清恩　　朱剑美　　周丽雯
　　　　林　威　　林　琛

北京理工大学出版社

BEIJING INSTITUTE OF TECHNOLOGY PRESS

内 容 简 介

本书以企业经营沙盘模拟为主要内容，共分为七个任务，主要包括认知企业经营沙盘模拟、构建模拟企业、企业经营沙盘模拟运营规则、初始年运营、制定企业战略、企业经营业绩评价、企业经营沙盘模拟竞赛。另外，本书最后附有企业经营沙盘模拟手册、生产计划及采购计划。本书阐述的理论知识和实际操作对培养学生认识市场、分析市场、提出战略方案、撰写企业经营分析报告具有积极的引导作用。

本书可作为高等院校经管类专业企业经营沙盘实践课程教学及培训用书。

图书在版编目（CIP）数据

企业经营沙盘模拟理论与实务/肖振锈，陈小丽，吴超云主编 . —北京：北京理工大学出版社，2018.9

ISBN 978 - 7 - 5682 - 6287 - 3

Ⅰ.①企… Ⅱ.①肖…②陈…③吴… Ⅲ.①企业管理 - 计算机管理系统 - 高等学校 - 教材 Ⅳ.①F270.7

中国版本图书馆 CIP 数据核字（2018）第 204102 号

出版发行／北京理工大学出版社有限责任公司

社　　址／北京市海淀区中关村南大街 5 号

邮　　编／100081

电　　话／（010）68914775（总编室）

　　　　　（010）82562903（教材售后服务热线）

　　　　　（010）68948351（其他图书服务热线）

网　　址／http：//www.bitpress.com.cn

经　　销／全国各地新华书店

印　　刷／北京富达印务有限公司

开　　本／710 毫米×1000 毫米　1/16

印　　张／10　　　　　　　　　　　　　　　　责任编辑／徐春英

字　　数／180 千字　　　　　　　　　　　　　文案编辑／徐春英

版　　次／2018 年 9 月第 1 版　2018 年 9 月第 1 次印刷　　责任校对／周瑞红

定　　价／45.00 元　　　　　　　　　　　　　责任印制／李　洋

前　言

21世纪初，有许多管理软件公司，如用友公司、金蝶公司等，相继开发出了企业经营沙盘模拟实践软件。为了适应社会对应用型人才的要求，提高学生学以致用的能力，尤其是培育学生的创新思维能力和提高学生的创业综合素质，本书对企业经营沙盘模拟进行了详细阐述。

企业经营沙盘模拟是一种实践性较强的教学方式，它将企业结构与管理流程全部展示在模拟沙盘上，把复杂的、抽象的企业管理理论以比较直观、立体的方式呈现，让学生模拟企业经营，参与经营，通过实践过程的体验，将理论联系实践，从而与传统的教室内理论授课有明显区别。该课程要求学生明确分工角色，进行市场分析、战略制定、营销策划、组织生产、财务管理等一系列活动，从中体悟科学的管理规律，在参与和体验中完成从知识到技能的转化，并在操盘后进行总结交流，进一步将理论从实践中升华。企业经营沙盘模拟理论与实践课程是在大众创业、万众创新的大布局下应运而生的，顺应了当前的就业导向，是经管类专业教育教学模式的创新。

本书从教学实际、学生兴趣出发编写，图文并茂，内容思路清晰，结构完整明确，集实用性、知识性和趣味性于一体，有助于学生理解和掌握企业经营沙盘课程。

本书在编写过程中得到了学院领导、各兄弟院校及北京理工大学出版社的大力支持，同时参考借鉴了许多国内外专家学者的优秀著作，在此表示诚挚的感谢。

由于编者水平有限，书中难免有不足之处，恳请专家和广大读者批评指正。

编　者

目　　录

任务 1
认知企业经营沙盘模拟

学习准备

在实际操作手工沙盘和电子沙盘之前，学生应做好充分的准备。熟悉 ERP 的概念及发展，了解沙盘的发展阶段及应用，了解 ERP 沙盘实训课程的基本内容及要求。

学习目标

1. 掌握 ERP 的概念；
2. 了解沙盘模拟的起源、发展及应用；
3. 掌握 ERP 沙盘模拟的内涵；
4. 明确 ERP 企业经营沙盘实训课程的基本情况；
5. 了解 ERP 沙盘实训的作用。

学习要求

ERP 企业经营沙盘模拟是一个内涵和外延都相当丰富的概念，集成了众多的管理思想和信息技术，其功能覆盖了企业运营和管理的方方面面。进行 ERP 企业经营沙盘模拟实训，必须掌握 ERP 和沙盘模拟的概念、发展及应用，了解 ERP 企业经营沙盘模拟实训课程的基本内容与要求。

1.1　ERP 沙盘模拟概述

1.1.1　ERP 的概念及发展历程

ERP，即 Enterprise Resource Planning，是企业资源计划的英文缩写。作为新一代的 MRP Ⅱ，其概念由美国 Gartner Group（高德纳咨询公司）于 20 世纪 90

年代初首先提出。

Gartner Group 信息技术词汇表中关于 ERP 的定义为："ERP 是一个由 Gartner Group 提出的概念，以及描述下一代制造经营系统和制造资源计划（MRP Ⅱ）的软件。它包含客户/服务架构，使用图形用户接口，采用开放式系统制作。它除了已有（MRP Ⅱ）的标准功能外，还包括其他特性，如质量、过程运作管理以及管制报告等。这就是新一代的 MRP Ⅱ，即企业资源计划。"

ERP 理论随着产品复杂性的增加、市场竞争的加剧以及信息的全球化而产生和形成，大致经历了 MIS 阶段、MRP 阶段、MRP Ⅱ阶段、ERP 阶段以及电子商务时代的 ERP 五个阶段。

1. MIS（Management Information System）阶段

MIS 主要用于记录大量原始数据、支持查询、汇总等方面的工作。它借助计算机的运算能力及系统对客户订单、在库物料、产品构成进行管理，并依据客户订单实现企业的信息查询汇总要求。

2. MRP（Material Require Planning）阶段

20 世纪 60 年代，IBM 公司（国际商业机器公司）的约瑟夫·奥利佛博士提出了把对物料的需求分为独立需求和相关需求的概念，即市场对产品台、件的需求为独立需求，而依赖于产品台、件的零部件与原材料的需求为相关需求。在此基础上，人们形成了"在需要的时候提供需要的数量"的重要认识。将一个产品按其结构拆分成零部件，形成物料清单（BOM），根据交货期、交货量及物料清单中各零部件的工艺路线、工时定额与采购周期，确定每个零部件及相应原材料的加工或采购提前期，这样排出的生产计划按实际的生产能力调整后，就形成了 MRP，即物料需求计划。

3. MRP Ⅱ（Manufacture Resource Planning）阶段

20 世纪 80 年代，随着市场的发展及 MRP 的应用与实践，人们在 MRP 的基础上增加了能力计划和执行计划的功能，从而形成了闭环 MRP。闭环 MRP 认为，主生产计划与物料需求计划应该是协同的，即需要考虑能力的约束，或者对能力提出需求计划，在满足能力需求的前提下，才能保证物料需求计划的执行和实现。在此思想要求下，企业必须对投入与产出进行控制，即对企业的能力进行校验和执行控制。在闭环 MRP 的基础上，美国生产管理专家奥列弗·怀特提出了制造资源计划，即 MRP Ⅱ。它是围绕企业的经营目标，以生产计划为主线，对企业制造的各种资源进行统一计划和控制的有效系统，也是企业实现物流、信息流和资金流流动并使其畅通的动态反馈系统。在 MRP Ⅱ阶段中，生产、财务、销售、技术、采购等各个子系统结合成一个一体化的系统。MRP Ⅱ 实现了物流与资金流的统一，可以由生产活动直接生成财务数据，把实物形态的物流流动直接转换为价值形态的资金流动，从而保证了生产和财务数据的一致性。财务人员能够及时得到资金信息以便控制成本，通过资金流动状况监控物流和经营生产情况，随时分析企业的经济效益，参与决策，指导和控制生产经营活动。

4. ERP（Enterprise Resource Planning）阶段

20 世纪 90 年代，随着及时生产（JIT）、全面质量管理（TQC）、优化生产技术（OPT）、分销资源计划（DRP）、制造执行系统（MES）、敏捷制造系统（AMS）等现代管理思想的提出和发展，MRP Ⅱ 发展到了一个新的阶段，即 ERP（企业资源计划）阶段。最初的 ERP 基于企业内部供应链的管理，将企业内部生产经营的所有业务单元，如订单、采购、库存、计划、生产、质量、运输、市场、销售、服务以及相应的财务活动等纳入一条供应链内进行管理。随着市场竞争的加剧，生产出的产品必须转化为利润，企业才能得以生存和发展，因此，企业更加注重对资金的管理和动态利润的分析，即如何在供应链上更好地利用企业有限的资金实现利润最大化，如何使投资增值以维护股东利益。于是，ERP 在对整个供应链的管理过程中加入了企业理财的观念，更加强调对资金流和信息流的控制。后来，ERP 还从对企业内部供应链的管理延伸和发展为面向全行业的广义产业链管理，管理的资源对象从企业内部扩展到了外部。在 ERP 阶段后，以计算机为核心的企业级的管理系统更为成熟，配合企业实现及时生产管理、全面质量管理、生产资源调度管理及辅助决策的功能，成为企业进行生产管理及决策的平台工具。

5. 电子商务时代的 ERP

Internet 技术的成熟为企业信息管理系统增加了与客户或供应商进行信息共享和直接数据交换的能力，从而强化了企业间的联系，形成了共同发展的生存链，体现了企业为达到生存竞争的供应链管理思想。ERP 系统相应地实现了这方面的功能，使决策者及业务部门实现跨企业的联合作战。

1.1.2 沙盘模拟的起源、发展及应用

提到沙盘，人们自然会联想到战争年代的军事作战指挥沙盘或者房地产开发商销售楼盘时的规则沙盘。它们均清晰地模拟了真实地形地貌，同时又省略了某些细节，从而让指挥员或者顾客对形势有一个全局的了解。

沙盘的发展主要经历以下三个阶段。

1. 第一阶段——用于军事作战

"沙盘"最早用于两军对抗的军事作战。它采用各种模型（用沙土或其他材料做成的地形及其他模型）来模拟战场的地形及武器装备的部署情况，结合战略与战术的变化来进行推演。

沙盘在我国已有悠久的历史，据《后汉书·马援列传》记载，公元 32 年，汉光武帝刘秀征讨陇西的隗嚣，召名将马援商讨进军战略。马援对陇西一带的地理情况很熟悉，就用米堆成一个与实地地形相似的模型，从战术上做了详尽的分析。汉光武帝刘秀看后，高兴地说："敌人尽在我的眼中了。"这就是最早的沙盘作业。

19 世纪末 20 世纪初，沙盘主要用于军事训练，在军事上取得了极大的成功。第一次世界大战后，沙盘经发展演变后，分为地形沙盘、建筑模拟沙盘、工业地形沙盘、房地产沙盘、企业经营沙盘等多种类型。

2. 第二阶段——应用于教学

企业沙盘模拟演练源自西方的军事演习对抗作战。通过红、蓝两军在战场上的对抗与较量，使作战指挥员不需要亲临现场就能清晰地总览全局，发现双方战略战术上存在的问题，从而运筹帷幄并做出最优的决策。这种沙盘模拟演练节省了实战演习的巨大经费开支，不受士兵演习时间与空间的限制，因此在世界各国得到广泛应用。

自 1978 年企业沙盘模拟演练被瑞典皇家理工学院的 Klas Mellan 开发之后，其迅速风靡全球。现在，国际上许多知名的商学院（如哈佛商学院、瑞典皇家理工学院等）和一些管理咨询机构都在用 ERP 沙盘模拟演练，对 MBA、经济管理类学生和职业经理人进行培训，以期提高他们在实际经营环境中决策和运作的能力。

3. 第三阶段——广泛推广

20 世纪 80 年代初期，"企业经营沙盘模拟"课程被引入中国。企业经营沙盘模拟是一种理解和领悟企业经营管理过程的方法，率先在企业的中高层管理者培训中传播应用并快速发展。

人们在国内能看到的企业经营沙盘模拟课程大多是从国外引进的，企业经营沙盘模拟课程在国外被统称为"simulation"课程。由于其是模仿真实商业环境而开发的，具有很强的实战性，所以被译作"沙盘模拟""模拟经营""商业模拟"等，其中，"沙盘模拟"这一译名认可度最高。

21 世纪初，部分 ERP 软件厂商相继开发出 ERP 沙盘模拟演练的教学版，并将其推广到高校的实验教学过程中。现在，越来越多的高校筹建沙盘模拟实验室，为学生开设"ERP沙盘模拟"课程，并且都取得了很好的效果。

目前，ERP沙盘模拟已风靡全球，成为世界500强企业中高层管理人员经营管理能力培训的首选课程。MBA、EMBA、众多本科院校、高职高专院校也陆续引进"ERP沙盘模拟"课程以供管理课程教学所用。各软件开发公司也为ERP沙盘模拟的应用和推广做出了自己的努力。

1.1.3　ERP沙盘模拟的内涵

ERP沙盘模拟是针对代表先进的现代企业经营与管理技术——ERP（企业资源计划系统）设计的角色体验的实验平台。它按照制造企业的职能部门划分了职能中心，包括营销与规划中心、生产中心、物流中心和财务中心。各职能中心涵盖了企业运营的所有关键环节：战略规划、资金筹集、市场营销、产品研发、生产组织、物资采购、设备投资与改造、财务核算与管理等，这些环节构成一个设计主线，把企业运营所处的内外环境抽象为一系列的规则，由受训者组成6个相互竞争的模拟企业，模拟企业6~8年的经营，并通过学生参与→沙盘载体→模拟经营→对抗演练→讲师评析→学生感悟等一系列的实验环节，让学生在参与和实践中掌握企业经营所需的知识。其融合理论与实践、集角色扮演与岗位体验于一身的设计思想，使受训者在分析市场、制定战略、营销策划、组织生产、财务管理等一系列活动中，体悟科学的管理规律，培养团队精神，全面提升管理能力。同时，使受训者对企业资源的管理过程有一个实际的体验。

1.2　ERP企业经营沙盘模拟课程概述

1.2.1　ERP企业经营沙盘模拟课程简介

ERP企业经营沙盘模拟实训课程是构建经济管理类人才培养实训体系中一个重要的组成部分。这种实践活动对于在校学习的学生显得尤为宝贵。学生将置身商业实战场景，亲身体验商业竞争的激烈性，循序渐进地锻炼实践能力，尽早具备与本学科专业相关的较强的动手操作能力。ERP企业经营沙盘模拟实训课程借助沙盘模具，基本再现了企业经营管理的过程，从而将"企业"搬进了课堂。在沙盘之上，企业的现金流量、产品库存、生产设备、银行借贷等指标可清晰再现。

1.2.2 ERP 企业经营沙盘模拟实训课程目标及要求

ERP 企业经营沙盘模拟实训课程的目的是培养学生计划制订、广告确定、经营筹资、财务核算、产能计算、排程计划、营销技巧应用的专业能力，以满足企业对应用管理岗位不同层次人才的需求，同时注重培养学生的社会能力和应用能力。ERP 沙盘模拟的前身是企业运营沙盘仿真实验，其特点是采用体验式培训方式，遵循"体验—分享—提升—应用"的过程达到学习的目的。

在沙盘模拟训练中，受训者被分成 6 个相互竞争的模拟管理团队，每个团队包含数人，分任总经理、财务部经理、营销部经理、生产部经理、采购部经理等职务。各团队分别经营一个拥有 1 亿元资产的销售良好、资金充裕的虚拟公司，连续从事 6 个会计年度的经营活动。这种通过直观的企业经营沙盘来模拟企业运行状况的做法，使受训者在整体战略、产品研发、设备投资改造、生产能力规划与排程、物料需求计划、资金需求规划、市场与销售、财务经济指标分析、团队沟通与建设等多个方面，体验企业经营运作的全过程，认识到企业资源的有限性，从而深刻理解 ERP 的管理思想，领悟科学的管理规律，提升管理能力。教师通过运用分组讨论、集中研讨、角色扮演、情景模拟、案例分析、教师点评等多种教学手段，调动受训者的参与热情，使其在高度兴奋状态下完成培训课程，确保受训者能对先进的经营思想和管理方法充分理解并娴熟地运用。

1.2.3 ERP 企业经营沙盘模拟实训课程内容

ERP 企业经营沙盘模拟实训课程内容涉及诸多企业管理方面的知识，如企业整体战略、产品研发、生产排程、市场营销、财务管理（会计核算）、团队沟通与合作等多个方面。在本门课程中涉及的具体内容，如图 1 - 1 所示。

1. 整体战略方面

①评估内部资源与外部环境，制定企业的长期和中短期的经营策略。
②预测市场趋势及调整既定战略。

2. 产品研发方面

①产品研发决策。
②修改研发计划，必要时甚至中断原项目计划。

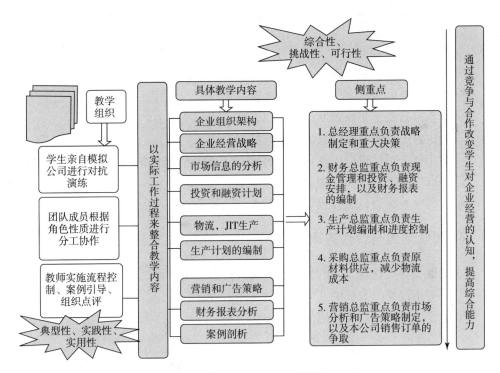

图 1-1　ERP 企业经营沙盘实训教学内容

3. 生产排程方面

①选择获取生产能力的方式（购买或租赁）。

②设备更新与生产线改良。

③全盘生产流程调度决策，匹配市场需求、交货期、产品品种和数量及设备产能。

④库存管理以及产销配合。

4. 市场营销方面

①市场开发决策。

②新产品开发、产品组合与市场定位决策。

③模拟市场中短兵相接的激烈竞标过程。

④刺探同行商情，抢占市场。

⑤建立并维护市场地位，必要时甚至做出退出市场的决策。

5. 财务管理方面

①制订投资计划。
②预测企业的长期资金和短期资金的需求，寻求资金来源。
③掌握资金的来源与用途，妥善控制成本。
④洞悉经营资金短缺前兆，争取以最佳方式筹措资金。
⑤分析财务报表、掌握报表重点与数据含义。
⑥运用债务指标进行内部诊断，协助 CEO 进行管理决策。
⑦争取以有限资金扭亏为盈，并且争创高额利润。
⑧编制财务报表、结算投资报酬和评估决策效益。

6. 团队沟通与合作方面

①实地学习在立场不同的各部门之间进行沟通协调。
②培养不同部门人员的共同价值观与经营理念。
③建立以整体利益为导向的团队协作组织。

1.2.4　ERP 企业经营沙盘模拟实训课程教学工具

ERP 企业经营沙盘模拟实训课程的教学工具大体上可分为以下三种。

①实物沙盘：所有的操作都要自己动手亲自完成，使用这种教具的优点是学生通过自己动手对所学知识有更深刻的认识，缺点是浪费时间，所有操作全部亲自动手，这无疑增加了时间成本，在有限的时间内，真正学习的时间较少。实物沙盘盘面如图 1-2 所示。

②电子沙盘：与手工教具相反，全部采用电子教具。电子沙盘盘面如图 1-3 所示。

③实物、电子沙盘相结合：基于上述两种教具，这种教具相对具有一定的优势，克服了浪费时间、学生依赖的缺点，使学生受益匪浅。

本课程主要采用第三种方式——实物、电子沙盘相结合的方式展开。本课程中所使用的实物沙盘教具说明、电子沙盘辅助内容说明分别见表 1-1 和表 1-2。

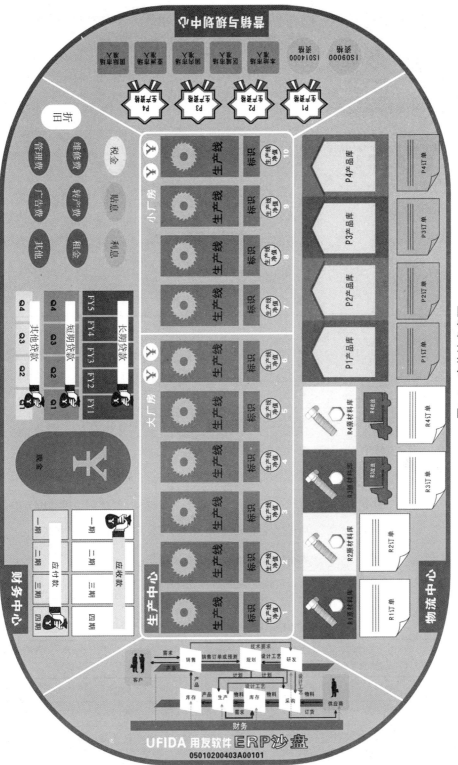

图1-2 实物沙盘盘面

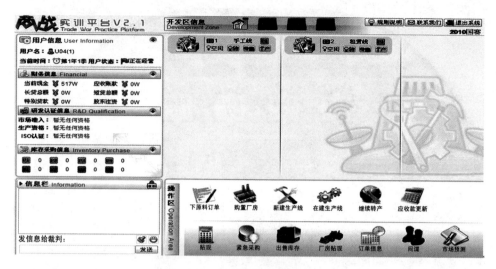

图 1-3　电子沙盘盘面

表 1-1　实物沙盘教具说明

序号	名称	说明
1	盘面	一张盘面表示一家企业，有营销与规划中心、生产中心、物流中心、财务中心
2	生产线模版	表示生产线——手工线、半自动线、自动线、柔性线
3	产品标识	表示生产线是生产哪种产品——P1、P2、P3、P4、P5
4	订单	表示各企业从市场获得的订单，是销售依据
5	灰币	表示金钱，一个币表示一百万；一桶二十个，表示两千万
6	彩币	分红、黄、蓝、绿四种颜色，表示原材料 R1、R2、R3、R4
7	空桶	用于盛装灰币或彩币，同时可表示原料订单、长短贷款
8	产品资格证	表示可以生产拥有资格证的产品
9	市场准入证	表示该企业可以在市场中投广告，拿订单
10	ISO 资格证	表示可以获取有 ISO 资格要求的订单，分为 ISO 9000 认证与 ISO 14000 认证两种

表 1-2　电子沙盘辅助内容说明

序号	名称	说明
1	市场预测	各组市场预测——支持 6～20 组
2	经营流程表	训练时学生用表（任务清单及记录）

序号	名称	说明
3	会计报表	各年会计报表
4	应收和贷款记录表	训练时，记录应收和贷款情况
5	重要经营规则	快速查询主要规则
6	后台管理（教师）操作说明	管理员（教师）操作手册
7	前台（学生）操作说明	学生操作手册
8	安装主程序	需要和加密锁匹配使用

1.2.5　ERP 企业经营沙盘模拟实训课程教学方法与成绩评定

1. 教学方法

采用课堂讲授法进行课程实训，通过课堂教学和案例分析、专题讨论、实验室上机等实践教学形式与课外文献阅读等相结合进行综合培养。

（1）问题引导式教学

"ERP 企业经营沙盘模拟实训"课程中有很多基本概念和管理原理，采用问题引导式的教学方法可以将理论和实际联系起来，通过分析有关企业实际经营的问题，针对这些问题的形成原因，从解释的角度出发，引导出需要学生掌握的概念或者原理。

（2）启发式案例教学

课堂上除了详细、有选择地将"ERP 企业经营沙盘模拟实训"的内容讲解传授给学生之外，还有针对性地根据不同的知识点讲解和分析国内外"ERP 企业经营沙盘模拟实训"的实践案例，通过这些经典案例的分析，使学生能够深入、快速地理解和掌握"ERP 企业经营沙盘模拟实训"的有关知识。

2. 成绩评定

"ERP 企业经营沙盘模拟实训"课程属于注重实验过程的课程，因此，其过程性考核要作为考核内容的主体，本套成绩评价体系力求真实反映学生的实际表现及最终收获。考核内容及考核方法参考如下。

（1）日常考核

此部分占实验总成绩的 20%。成绩评定参照《学生出勤考核规则》，用于指导教师不定时地对学生的实验态度、实际出勤情况、实验表现以及操作情况进行评定。

（2）沙盘模拟对抗实验考核

此部分占实验总成绩的50%。其中，成绩排名10分，经营记录20分，团队配合10分，运作规范10分。评分时，按每组实际表现评定。

（3）公司经营分析报告

此部分占实验总成绩的30%。企业经营分析报告撰写要求及评分标准如下。

①3 000字以上；图、表、文字配置实用、合理。排版美观、大方简洁、实用，格式合理，无错别字、病句。

②理论分析与实战操作相结合，注重发现问题、分析问题和解决问题；经营财务统计数据处理得当、运用合理；具有创新思维。

③结构合理、条理清楚、观点准确、论证有说服力。问题解决方案建议具体、可操作、有说服力。

以上每个要点各占本部分成绩的1/3。

1.3　ERP企业经营沙盘模拟实训的实践意义

1.3.1　践行应用型人才教育理念，创新人才培养模式

应用型人才的概念是相对于专门学术研究型人才而提出的，以适应用人单位的要求为实际需求，以大众化教育为取向，强调实践能力和动手操作能力。ERP企业经营沙盘模拟实训的开设践行了应用型人才教育观念，创新了人才培养模式。

应用型人才教育观念，首先注重素质型的通识教育。随着社会用人单位需求的变化，学生的综合能力和素质对学生的就业质量的影响越来越大。ERP企业经营沙盘模拟实训通过设置企业模拟经营概况、企业经营规则、模拟实践、财务分析、经营结果分析等模块，让学生掌握企业经营的专业知识，提高了学生的实践操作能力、创新能力，从而很好地在教学过程中践行了应用型人才教育理念。

应用型人才教育理念更注重学生的创新能力。ERP企业经营沙盘模拟实训以培养学生的创新精神和解决企业模拟经营中的问题为出发点，通过一系列的实战经营来达到最大化的教学效果。在ERP企业经营沙盘模拟实训中，在学生对专业知识掌握的基础上，在模拟企业经营的实践环节中，提高了学生的创新能力。在实践环节中，学生通过对市场需求、企业财务状况、企业生产能力等方面的分析，创新运营方法和改进生产计划，从而做出正确的运营决策和生产计划，让企业的生产能够更好地适应市场需求。创新思维方法和企业经营模式，才能使企业

处于不败之地，才能让模拟中的企业更好地持续发展下去。

ERP 企业经营沙盘模拟实训创新了人才培养模式，在实训中，采取了以"学生为中心"的培养模式。一方面，实训中的企业经营实战，提高了学生的内在学习动力和学习的积极性，使学生具有明确的学习目的。在实训过程中，学生遇到企业经营的问题时，通过与老师的交流沟通，能够更好、更高效率地解决问题，从而在一定程度上提高了学生在实训中的课堂参与度，以促使学生积极参与有关实训的讨论。另一方面，实训中以实战成果作为考核的最终成绩，这一考核方式在一定程度上保护了学生的学习和操作成果。通过自己的操作来取得模拟企业的经营成果的教学模式，给学生带来了学习的成就感。以"学生为中心"的培养模式在实训过程中取得了良好的成效，形成了新型的人才培养模式，促进了这一培养模式在教学过程中的推广普及。

1.3.2　寓教于乐，激发学生的学习潜能

ERP 企业经营沙盘模拟实训，给实训课堂营造了实战的现场氛围，使学生主动思考如何将所学的理论知识运用到实战中。实训还采用了具有竞赛性质的方式，使 ERP 沙盘模拟经营实训更具有竞技性和游戏性。在每天实战结束后，实训都会采取以实战总成绩排名的方式，让学生对自己一天的实战成果有进一步的了解，使学生感受到学习所带来的成就感。这种"游戏"教学模式很受学生的欢迎，在很大程度上提高了学生学习的积极性。"学生为主，教师为辅"的实训模式，极大地调动了学生的兴趣和热情，而兴趣是学习的最大动力。因此，ERP 沙盘模拟经营实训真正做到了寓教于乐，让学生在学习中感受到快乐，在快乐中学习。

沙盘模拟教学与传统的课堂灌输授课方式截然不同，它通过直观的企业经营沙盘来模拟企业运行状况，注重实战技能的传授，强调演练与实践。这样既能调动学生的主观能动性，又可以让学生亲身感受一个企业经营者直面市场竞争时的所作所为，并在此过程中体悟企业经营管理的关键。

ERP 企业经营沙盘模拟实训将企业组织和管理的操作过程都生动形象地显示在沙盘上，让其原本复杂抽象的操作环节变得更加生动有趣，将其所有的实践步骤直观地展示在学生面前。通过"以赛促学"的教学模式，学生在研究分析的基础上，能够更加充分地掌握 ERP 的专业理论知识，做到在实战环节中对理论知识的灵活运用。将理论和实战相结合，使实训更贴近实际生活，不但将原本枯燥乏味的教学变得更加生动有趣，而且极大地提高了学生的学习积极性和学习热情。

在实践的过程中，引发了学生关于对如何决策，如何在众多企业中谋得更好的发展，如何分析市场需求，在资金短缺时寻求短期贷款还是长期贷款，每个季度的生产计划是怎样的，厂房是租还是买，生产线应建多少条等一系列问题的思

考。通过对这一系列问题进行思考，学生能够在实践过程中高效地解决企业运营中的一系列问题，从而让模拟企业更好更快地发展。这一实训的过程，给学生留下了深刻的印象，使学生懂得企业是如何运营的，从而更好地激发学生的学习潜能。

1.3.3　突破专业壁垒，拓展学员的知识体系

企业管理职能包括财务管理、市场营销、生产运营、人力资源、物流管理等各个职能，在工商管理类专业课程的设计中，往往把企业管理的这些职能分为各个不同的专业方向，学生选择一个或两个专业进行修读。这种专业设计有利于学生学有专长并在某一专业领域深入发展，但这样的专业设计容易形成专业壁垒，禁锢和限制学员的发展空间和思维方式。企业经营沙盘模拟实训让学员从获得风险投资资金开始，模拟企业经营的全过程，让学员对战略规划、营销策略、生产运营、财务管理、物流管理等方面有全面的认识，从而突破专业壁垒，整合知识体系，并进一步加强学员对自身职位在企业管理中重要性的理解，具备全局意识。

沙盘模拟对企业经营管理的全方位展现主要体现在以下几个方面。

（1）战略管理

成功的企业一定有着明确的企业战略，包括产品战略、市场战略、竞争战略及资金运用战略等。通过对从最初的战略制定到最后的战略目标达成的分析，学员将学会用战略的眼光看待企业的业务和经营，保证业务与战略的一致性，从而在未来的工作中更多地获取战略性成功而非机会性成功。

（2）营销管理

市场营销是一个企业用价值不断来满足客户需求的过程。企业所有的行为、资源都是为满足客户的需求。通过模拟企业的市场竞争对抗，学员将学会分析市场、关注竞争对手、把握消费者需求、制定营销战略、定位目标市场，制订并有效实施销售计划，从而最终达成企业战略目标。

（3）生产管理

在沙盘模拟中，将企业的采购管理、生产管理、质量管理统一纳入生产管理领域，新产品研发、物资采购、生产运作管理、品牌建设等问题背后的一系列决策问题就自然地呈现在学员面前，从而跨越了专业分隔、部门壁垒。学员将充分运用所学知识，积极思考，在不断的成功与失败中获取新知。

（4）财务管理

在沙盘模拟过程中，团队成员将清晰地掌握资产负债表、利润表的结构；明白资本流转如何影响损益；解读企业经营的全局；预估长短期资金需求，以最佳方式筹资，控制融资成本，提高资金使用效率；理解现金流对企业经营的影响。

（5）人力资源管理

在沙盘模拟中，每个团队会在经过初期组建、短暂磨合后逐渐形成团队默契，完全进入协作状态。在这个过程中，各自为战导致的效率低下、无效沟通引起的争论不休、职责不清导致的秩序混乱等情况，可以使学员深刻地理解"局部最优不等于总体最优"的道理，学会换位思考，明确只有在全体成员有着共同愿景、朝着共同的绩效目标努力、遵守相应的工作规范、彼此信任和相互支持的氛围下，模拟企业才能取得成功。

（6）基于信息管理的思维方式

在沙盘模拟中，学员会真切地体会到构建企业信息系统的紧迫性。企业信息系统如同飞行器上的仪表盘，能够时刻跟踪企业的运行状况，对企业业务运行过程进行控制和监督，及时为企业管理者提供丰富的可用信息。通过沙盘信息化体验，学员可以了解企业信息化的实施过程及关键点，从而合理地规划企业信息管理系统，为企业信息化做好观念和能力上的铺垫。

1.3.4　全面提高学员综合素质

沙盘模拟作为企业经营管理仿真教学系统还可以用于综合素质训练，使学员在以下方面获益。

（1）树立共赢理念，提升整体素质

市场竞争是激烈的，也是不可避免的，但竞争并不意味着"你死我活"。寻求与合作伙伴之间的双赢、共赢才是企业发展的长久之道。这就要求企业知己知彼，在市场分析、竞争对手分析上做足文章。在竞争中寻求合作，企业才会有无限的发展机遇。

（2）全局观念与团队协作精神

通过 ERP 企业经营沙盘模拟实训课程的学习，学员可以深刻体会到团队协作精神的重要性。有一个形象的比喻：在企业运营这样一艘大船上，CEO 是舵手、CFO 保驾护航、营销总监冲锋陷阵……在这里，每一个角色都要以企业总体最优为出发点，各司其职、相互协作，只有这样，才能赢得竞争，实现目标。

（3）保持诚信，牢记诚信为本

诚信是一个企业的立足之本，发展之本。诚信原则在 ERP 企业经营沙盘模拟实训课程中体现为对"游戏规则"的遵守，如市场竞争规则、产能计算规则、生产设备购置以及转产规则等。保持诚信是人们立足社会、发展自我的基本要求。

（4）磨炼决策敏感度，提升决策能力

在 ERP 企业经营沙盘模拟实训中，学员将自己亲身体会到的珍贵经验转化到理论学习的过程中去，利用沙盘模拟经营来预测自己的经营思维和思路。每一次的数据分析，都可以磨炼学员的决策灵敏度，使学员获益良多，从而提升学员的决策能力，提升学员的综合素质。

（5）个性与职业定位

每个个体都拥有不同的个性，这种个性在 ERP 企业经营沙盘模拟实训中会显露无遗。在分组对抗中，有的小组轰轰烈烈，有的小组稳扎稳打，还有的小组则不知所措。虽然个性特点与角色胜任有一定的关联，但在现实生活中，很多人并不是因为"爱一行"才"干一行"的，而是需要"干一行、爱一行"。

（6）感悟人生

在市场的残酷与企业经营风险面前，是轻言放弃还是坚持到底，这不但是一个企业可能面临的问题，而且是在人生中不断需要抉择的问题，经营自己的人生与经营一个企业具有一定的相通性。

（7）实现从感性到理性的飞跃

在沙盘模拟中，学员经历了一个从理论到实践再到理论的螺旋式上升过程，在这一过程中，学员把自己亲身经历的宝贵实践经验转化为全面的理论模型。学员借助沙盘推演自己的企业经营管理思路，每一次基于现场的案例分析及基于数据分析的企业诊断，都会使学员受益匪浅，从而达到磨炼商业决策敏感度、提升决策能力及长期规划能力的目的。

任务 2

构建模拟企业

学习准备

企业经营沙盘模拟将企业的主要部门和工作对象制作成类似的实物模型，将企业运行过程设计为运作规则，进而模拟企业的经营过程。企业管理模拟一般将学员分成学习小组，常常将其假定为一家公司，然后在指定的模拟性管理情景与条件下，演习各种管理活动。

学习目标

1. 了解模拟企业的经营环境，并对市场进行分析；
2. 了解模拟企业的角色分配，明确各自的工作职责；
3. 了解模拟企业的初始状况及财务状况。

学习要求

在企业经营沙盘模拟实训中，学生组建的团队就是企业经营团队，团队成员必须有一致的目标及明确的分工，这样才能优势互补，成功经营企业。

2.1 构 建 团 队

2.1.1 构建高效的团队

在沙盘模拟实训中，要将所有的学员分成若干个团队，团队就是由少数有互补技能，愿意为了共同的目的、业绩目标和方法而相互承担责任的人所组成的群体。而在每个团队中，各学员分别担任重要职位，包括总经理、财务总监、营销总监、生产总监和采购总监等职位。在经营过程中，团队的合作是必不可少的。要想打造一支高效的团队，应注意以下几点。

1. 有明确的共同目标

团队必须共同发展，并且要共同完成一个目标。这个目标可以使团队的成员朝相同的方向努力，能够激发每个团队成员的积极性，并且使团队成员行动一致。团队要将总体的目标分解为具体的、可度量的、可行的行动目标。这些具体的目标要和总体目标紧密结合，并且要根据情况随时做出相应的修正。例如，团队确立了六年发展的总目标，还要分解到每一年和每一季度具体如何运营。

2. 确保团队成员能力互补

团队成员之间要能力互补。例如，担任财务总监的成员要比较细心，对财务的相关知识有一定的了解，而担任 CEO 职务的人应该具备比较强的协调能力和组织能力等。

3. 有一位团队型领导

在经营过程中需要做出各种决策，这就需要 CEO 能够统领全局，协调各部门之间的关系，充分调动每个成员的积极性，还要能够做出正确的决策。要成为一个高效、统一的团队，团队领导必须学会在缺乏足够信息和统一意见的情况下及时做出决定，而果断的决策机制往往是以牺牲民主和不同意见为代价的。对于团队领导而言，最难做到的莫过于避免被团队内部虚伪的和谐气氛所误导，要采取一定的措施，努力引导和鼓励适当的、有建设性的良性冲突。将被掩盖的问题和不同意见摆到桌面上，通过讨论和合理决策将其加以解决，否则，将对企业的发展造成巨大的影响。

4. 履行好各自的岗位职责

各成员应该按照自己的岗位职责进行经营活动，而且应该把自己的工作做好。例如，采购总监就应该负责原材料的采购，如果出现差错，直接会影响到以后的生产，而生产的产品数量又影响到交单的情况。因此，一个小环节的疏漏，可能会导致满盘皆输。

首先，作为团队中的一员，首先要尊重他人。法国哲学家罗西法古曾说过："如果你要得到仇人，就表现得比你的朋友优越；如果你要得到朋友，就要让你的朋友表现得比你优越。"当我们让朋友表现得比我们还优越时，他们就会有一种被肯定的感觉；但是当我们表现得比他们还优越时，他们就会产生一种自卑感，甚至对我们产生敌视情绪。人们都会维护着自己的形象和尊严，因此，我们要给予对方充分的尊重。

其次，要能够接受批评，从批评中寻找积极成分。如果有人对你的错误大加抨击，即使带有强烈的感情色彩，也不要与之争论不休，而是从积极方面来理解他人的抨击。这样，不但对团队成员改正错误有帮助，而且避免了语言敌对等尴尬场面的出现。

最后，要善于沟通交流。同在一个团队，团队成员之间会存在某些差异，这是因为知识、能力、经历的不同造成人们在对待和处理问题时，会产生不同的想法。交流是协调的开始，把自己的想法说出来，也倾听对方的想法。

总之，作为一名团队成员，应该以自己的思想感情、学识修养、道德品质、处世态度、举止风度做到坦诚而不轻率、谨慎而不拘泥、活泼而不轻浮、豪爽而不粗俗，与其他团队成员融洽相处，提高团队作战的能力。

2.1.2 模拟企业的组织结构与职能定位

1. 模拟企业的组织结构

模拟企业的组织结构，如图 2-1 所示。

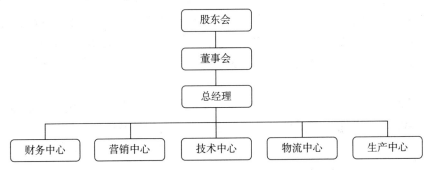

图 2-1 模拟企业的组织结构

2. 模拟企业的职能定位

在模拟企业中，主要设置五个基本职能部门（可根据学员人数适当调整），其主要职位的工作职责见表 2-1。

表 2-1 模拟企业主要职位的工作职责

首席执行官（CEO）	财务总监（CFO）	营销总监（CSO）	生产总监	采购总监
①发展战略制定； ②竞争格局分析； ③经营指标确定； ④业务策略制定； ⑤全面预算管理； ⑥管理团队协同； ⑦企业绩效分析； ⑧授权管理与总结	①日常财务记账； ②向税务部门报税； ③提供财务报表； ④日常现金管理； ⑤企业融资策略制定； ⑥成本费用控制； ⑦资金调度与风险管理； ⑧财务分析与协助决策	①市场调查分析； ②市场进入策略； ③品种发展策略； ④广告宣传策略； ⑤销售计划制订； ⑥争取订单与谈判； ⑦按时交货； ⑧销售绩效分析	①产品研发管理； ②管理体系认证； ③固定资产投资； ④生产计划编制； ⑤生产能力平衡； ⑥生产车间管理； ⑦成品库存管理； ⑧产品外协管理	①采购计划编制； ②供应商谈判； ③采购合同签订； ④采购过程监控； ⑤仓储管理； ⑥采购支付抉择； ⑦与财务部协同； ⑧与生产部协同

各组学员可以根据自己的专长选择不同的职能部门。当人数较多时，可设置各助理职位，如财务助理等。

3. 企业成立及 CEO 就职演讲

（1）企业命名

在企业成立之后，每个小组要召开第一次员工大会，大会由 CEO 主持。在这次会议中，小组要为自己组建的企业命名。企业名称对一个企业将来的发展而言至关重要。企业名称不仅关系到企业在行业内的影响力，还关系到企业所经营的产品投放市场后，消费者对本企业的认可度。当品牌名称或企业名称符合行业特点、有深层次的文化底蕴，又为广大消费者所熟知且再也找不到第二个这样的名称时，企业的竞争力就明显区别于行业内的企业，从而为打造知名品牌奠定了基础。因此，各小组要集思广益，为自己的企业起一个响亮的名字。

（2）确定企业使命

企业使命，在企业远景的基础之上，具体地定义企业在全社会经济领域中所经营的活动范围和层次，具体地表述企业在社会经济活动中的身份或角色。它代表了企业的经营哲学，企业的宗旨和企业的形象。在第一次员工大会上，学员还要集体讨论确定企业的宗旨和企业形象等问题。

（3）CEO 就职演讲

小组讨论结束后，由 CEO 代表自己的企业进行就职演讲，阐述自己企业的使命与目标等，为下一步具体经营管理企业奠定良好的基础。

2.2　ERP 企业经营沙盘盘面的构成

沙盘作为模拟企业经营管理过程的道具，系统和概略性地体现了企业的主要业务流程和组织架构。企业经营沙盘包括企业的生产设施和生产过程、财务资金运转过程、市场营销和产品销售、原材料供应、产品研发等重要内容。

2.2.1　企业的经营状况

本课程模拟的是一个生产制造企业，为了避免学员将该模拟企业与他们所熟悉的企业不经意地产生关联，因此，本课程中的生产制造产品是一个虚拟的产品，即 P 系列产品：P1、P2、P3、P4 和 P5。该企业长期以来一直专注于某行业 P 产品的生产与经营，目前生产的 P1 产品在本地和区域市场知名度很高，客户也很满意，同时企业拥有自己的厂房，生产设施齐备，状态良好。最近，一家权威的市场调研机构对该企业的发展前景进行了预测，认为 P 产品将会从目前的相对低技术产品发展为高技术产品。为了适应技术发展的需要，公司董事会及全体股东决定将企业交给一批优秀的新人去发展（模拟经营者），他们希望新的管理层能够完成以下工作。

①投资新产品的开发，使企业的市场地位进一步得到提升；

②开发本地和区域市场以外的其他新市场，进一步拓展市场领域；

③扩大生产规模，采用现代化生产手段，努力提高生产效率；

④研究在信息时代如何借助先进的管理工具提高企业管理水平；

⑤增强企业凝聚力，形成鲜明的企业文化；

⑥加强团队建设，提高组织效率。

简而言之，随着 P 产品从相对低技术产品发展为高技术产品，新的管理团队必须创新经营、专注经营，才能达到公司董事会及全体股东的期望，实现良好的经营业绩。

2.2.2　企业的经营环境

目前，国家经济发展态势良好，消费者收入稳步提高，该企业所在的行业也将迅速发展。然而，该企业生产制造的产品几乎全部在本地和区域市场进行销售，董事会和股东认为可以在本地和区域市场以外的国内甚至国外市场进行发展，因此，董事会希望新的管理层去开发这些市场。同时，P1 产品在本地市场知名度很高，客户很满意，然而要保持并进一步提升市场地位，企业必须投资新产品开发，目前该企业已存在一些处于研发中的新产品项目。在生产设施方面，该企业目前的生产设施状态良好，但是在发展目标的驱使下，预计必须投资额外的生产设施。具体方法可以是建新的厂房或将现有的生产设施现代化。

在行业发展状况方面，P1 产品由于技术水平低，虽然近几年需求较旺盛，但未来将会逐渐下降。P2 产品是 P1 的技术改进版，虽然借助技术优势会带来一定的增长，但随着新技术出现，需求量最终会下降。P3、P4 作为全新的技术产品，发展潜力很大。根据一家权威的市场调研机构对该企业未来 6 年各个市场需求的预测，P1 产品是目前市场上的主流技术产品，P2 产品作为 P1 产品的技术改良版，也比较容易获得大众的认同。P3 和 P4 产品作为 P 系列产品里的高端产品，各个市场上对它们的认同度不尽相同，需求量与价格也会有较大的差异。P5 产品则是整个市场中的顶端产品，利润十分巨大，但是它的成本也非常巨大，同时市场需求量也较少，因此，需要管理者正确地进行市场把控。下面根据不同的目标市场进行详细分析。

1. 本地市场分析

如图 2 - 2 所示，本地市场将会持续发展，客户对低端产品的需求可能下滑。

伴随着需求的减少，低端产品的价格很有可能会逐步走低。之后几年，随着高端产品的成熟，市场对 P3、P4、P5 产品的需求量将会逐渐增大。同时，随着时间的推移，客户的质量意识将不断提高，会对厂商生产的产品是否通过了 ISO 9000 认证和 ISO 14000 认证提出疑问。

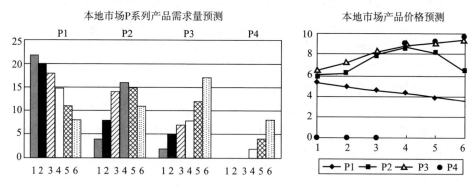

图 2-2　本地市场预测图

（注：左图纵坐标表示数量，横坐标表示年份；右图纵坐标表示价格，横坐标表示年份；下同。）

2. 区域市场分析

如图 2-3 所示，区域市场的客户对 P 系列产品的喜好相对稳定，因此，市场需求量的波动也很有可能会比较平稳。因为其紧邻本地市场，所以产品需求量的走势可能与本地市场相似，价格趋势也会大致相同。该市场的客户比较乐于接受新的事物，因此，对于高端产品也会比较有兴趣。但由于受到地域的限制，该市场的需求总量非常有限。并且，该市场上的客户相对比较挑剔，因此，在之后几年，客户会对厂商是否通过了 ISO 9000 认证和 ISO 14000 认证有较高的要求。

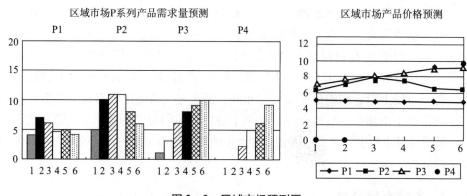

图 2-3　区域市场预测图

3. 国内市场分析

如图 2-4 所示，由于 P1 产品带有较浓的地域色彩，预计国内市场对 P1 产品不会有持久的需求量。但 P2 产品由于更适合国内市场，所以预计需求量会一直比较平稳。随着市场对 P 系列产品新技术的逐渐认同，预计对 P3 产品的需求量会逐渐增多，但该市场上的客户对 P4 产品并不是很认同。当然，对于高端产品来说，客户一定会更注重其质量保证。

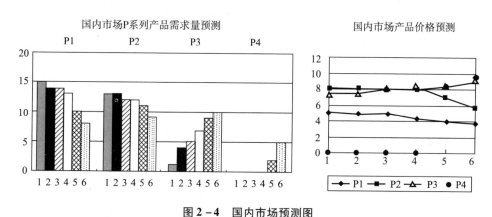

图 2-4　国内市场预测图

4. 亚洲市场分析

如图 2-5 所示，该市场上的客户喜好一向波动较大，不易把握，因此对 P1 产品的需求可能起伏较大，预计 P2 产品的需求走势也会与 P1 相似。但该市场对新产品很敏感，因此，预计对 P3、P4 产品的需求会上升较快，同时 P3、P4 价格不菲。另外，该市场的消费者很重视产品的质量，因此在之后几年里，如果厂商没有通过 ISO 9000 认证和 ISO 14000 认证，其产品可能很难销售。

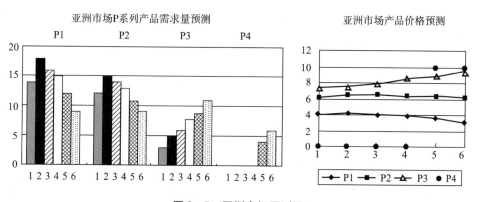

图 2-5　亚洲市场预测图

5. 国际市场分析

如图 2 - 6 所示，企业进入国际市场可能需要一个较长的时期。有迹象表明，目前该市场上的客户对 P1 产品已经有所认同，需求也会比较旺盛。对于 P2 产品，客户将会谨慎考虑，需要一段时间才会被市场所接受。对于新兴的技术，该市场上的客户将会以观望为主，因此，对 P3 和 P4 产品的需求将会发展极慢。由于产品需求主要集中在低端产品，所以客户对于 ISO 国际认证的要求并不如其他几个市场那么高，但也不排除在后期会有这方面的需求。

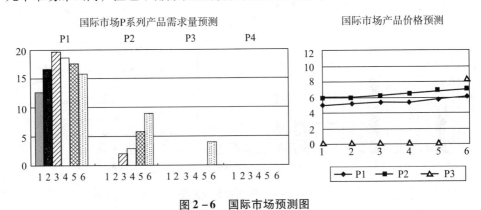

图 2 - 6　国际市场预测图

2.2.3　企业的财务状况

初始状态下，企业还未开始运营，企业财务状况比较简单，见表 2 - 2。

表 2 - 2　资产负债表　　　　　万元

资产	期初数	期末数	负债和所有者权益	期初数	期末数
流动资产：			负债：		
现金	600		长期负债		
应收款			短期负债		
在制品			应付账款		
成品			应付税金		
原材料					
流动资产合计	600		负债合计		
固定资产：			所有者权益：		
土地和建筑			股东资本	600	

续表

资产	期初数	期末数	负债和所有者权益	期初数	期末数
机器与设备			利润留存		
在建工程			年度净利		
固定资产合计			所有者权益合计		
资产合计	600		负债和所有者权益合计	600	

2.3　设定初始状态

ERP 沙盘模拟不是从创建企业开始，而是接手一个已经运营了两年的企业。虽然已经从基本情况描述中获得了企业运营的基本信息，但还需要把这些枯燥的数字再现到沙盘盘面上，从而为下一步的企业运营做好铺垫。通过初始状态设定，也使学员深刻地感受到财务数据与企业业务的直接相关性，理解财务数据是对企业运营情况的一种总结提炼，为今后"透过财务看经营"做好观念上的准备。下面按照步骤设置企业的初始状态。

企业的财务状况，是指企业资产、负债、所有者权益的构成情况及相互关系。企业的财务状况由企业对外提供的财务报告——资产负债表和利润表来表述。

资产负债表是根据资产、负债和所有者权益之间的相互关系，即"资产 = 负债 + 所有者权益"的恒等关系，按照一定的分类标准和一定的次序，把企业特定日期的资产、负债、所有者权益三项会计要素的所属项目予以适当排列，并对日常会计工作中形成的会计数据进行加工、整理后编制而成的，其主要目的是反映企业在某一特定日期的财务状况。通过资产负债表，可以了解企业所掌握的经济资源及其分布情况；了解企业的资本结构；分析、评价、预测企业的短期偿债能力和长期偿债能力；正确评估企业的经营业绩。

利润表是用来反映收入与费用相抵后企业的经营成果的会计报表，主要表现企业在该期间所取得的利润，用以阐明企业在一定期间内的经营成果。利润表的项目主要分为收入和费用两大类。

在"ERP 沙盘模拟"课程中，根据课程设计所涉及的业务对资产负债表和利润表中的项目进行了适当的简化，形成了表 2 - 2 和表 2 - 3 所示的简易结构表。

表 2-3 利润表

项目	上年数	本年数
销售收入		
直接成本		
综合费用		
折旧前利润		
折旧		
支付利息		
前利润		
财务费用		
税前利润		
所得税		
年度净利润		

下面对沙盘模拟中的资产负债表项目做出说明。

1. 资产

资产是指通过过去的交易、事项形成的并由企业拥有或者控制的资源，该资源预期会给企业带来经济利益。资产由流动资产和固定资产两部分构成。

（1）流动资产

流动资产是指企业可以在 1 年或者超过 1 年的 1 个营业周期内变现或者运用的资产。ERP 沙盘模拟中的流动资产包括现金、应收款、在制品、成品、原材料5 项。其中，在制品、成品和原材料都属于企业的库存。

①现金。现金是企业中流通性最强的资产，可以用于各种即时的支付。模拟企业现有现金资产 600 万元。

②应收款。应收款是由企业赊销形成的。当企业按订单出售产品时，会形成订单中规定账期的应收款。经过一段时间后，应收款可以回收为现金。若企业现金不足，也可以通过贴现业务将其变为现金。初始状态下应收款为 0。

③在制品。在制品是指企业正在加工的产品。初始状态下在制品数量为 0。

④成品。成品是指完成了全部生产过程，可供销售的产品。ERP 沙盘模拟中的成品库存初始设置为 0。

⑤原材料。ERP 沙盘模拟中的原材料库存初始设置为 0。

（2）固定资产

固定资产是指企业使用的期限超过 1 年的房屋、建筑物、机器、机械、运输工具以及其他与生产经营有关的设备、器具、工具等。ERP 沙盘模拟中的固定资产包括3项：土地和建筑、机器与设备及在建工程。

①土地和建筑。ERP沙盘模拟中的该项目特指厂房。例如，企业购买了厂房，则该项目反映厂房的价值。

②机器与设备。ERP沙盘模拟中的该项目是指现有生产线的净值。净值是指每条生产线在每年折旧后的价格。

③在建工程。ERP沙盘模拟中的该项目是指未完工的生产线的价值。目前，企业无在建工程。

2. 负债

负债是指通过过去的交易或者事项形成的、预期会导致经济利益流出企业的现时义务。ERP沙盘模拟中的负债包括长期负债、短期负债、应付账款、应付税金4个项目。

①长期负债。长期负债是指期限超过1年的债务，ERP沙盘模拟中的长期负债期限最长为5年。

②短期负债。短期负债是指期限在1年以内的债务，ERP沙盘模拟中只有1年期的短期负债，到期需本息偿还。目前，企业无此项负债。

③应付账款。应付账款是指因购买材料、商品或接受劳务供应等而发生的债务。ERP沙盘模拟中可设定批量购买原材料时获得一定时期的延期付款。目前，企业无此项负债。

④应付税金。在ERP沙盘模拟中，若企业当年有盈利并且需要缴纳所得税，则该项费用的实际支付时间为下一个经营年度的年初，并在当年年末的资产负债表中记为"应付税金"。

3. 所有者权益

所有者权益是指企业资产扣除负债后由所有者享有的剩余权益。ERP沙盘模拟中的所有者权益是股东资本、利润留存和年度净利3个项目之和。

①股东资本。该项目是指股东投入企业的资本，ERP沙盘模拟中，该项目设定为600万元。若企业破产后股东增资，则该项目相应地改变。

②利润留存。利润留存是指企业税后利润减去应发现金股利的差额。ERP沙盘模拟中，不考虑股东分红，则该项目是指截至上一个经营年度企业全部净利润的总和。

③年度净利。年度净利是指企业利润总额扣除所得税后的净利润。

任务 3

企业经营沙盘模拟运营规则

学习准备

运营规则，是模拟企业经营的约束条件。每个模拟企业成员都必须熟练掌握运营规则，不仅要熟悉自己负责的岗位的规则，还要了解影响整个全局的规则。牵一发而动全身，理解并利用好规则是取胜的基础。

学习目标

1. 分析模拟企业各角色岗位重点需掌握的运营规则，明确各自的工作限制；
2. 了解影响模拟企业整个全局的规则；
3. 全面掌握模拟企业的运营规则。

学习要求

在企业经营沙盘模拟实训中，学生组建的团队就是企业经营团队，团队成员岗位职责的履行必须依据运营规则，在此基础上进行分工合作才能成功地经营企业。

3.1 市 场 规 则

3.1.1 市场划分

市场是企业能否存活下去的关键，也是企业能否壮大发展的根源。因此，市场是各个企业的必争之地，谁掌控了市场，谁就是"这场战役的赢家"。但是，市场是瞬息万变的，机遇与风险并存。

企业经营沙盘模拟中有 5 个市场，分别为本地市场、区域市场、国内市场、亚洲市场以及国际市场。沙盘中的模拟企业最初设定为没有任何市场，所有市场需要企业自行开拓，市场开拓的区域和先后次序由企业自行选择。

3.1.2　市场准入

任何一家企业在进入市场之前一定会经过长期的调研、分析等前期准备工作，在沙盘中也是一样。由于受时间、区域地理位置的影响，开发不同市场的时间以及资金投入也不同。只有开发了的市场，才能投入广告费。

具体市场的开拓要求见表 3-1。

表 3-1　市场的开拓要求

市场名称	开发费用/(万元·年$^{-1}$)	开发时间/年	说明
本地市场	10	1	开发费用按开发时间在年末平均支付，不允许加速投资，但可中断投资 市场开发完成后，领取相应的市场准入证
区域市场	10	1	
国内市场	10	2	
亚洲市场	10	3	
国际市场	10	4	

3.1.3　销售广告

在现实中，企业往往会通过各种渠道投入广告来增加产品的知名度，通过增加产品知名度来扩大销量从而取得利润。同样，在沙盘中，广告费的投入也是企业能否发展壮大的关键。广告费投入过多，企业利润就会减少，影响企业的后续发展；广告费太少，则无法获得足够的订单，产品积压过多也会造成资金流断裂。而每个市场广告费的投入又与每个市场的订单量以及其他企业的广告投放量有密切的关系，因此，需要精准预测各方面的情况才能更好地进行广告的投放。此项工作年初时就需销售总监根据企业自身情况制定好本年度的广告预算。

3.1.4　选单规则

每个市场的广告投放至少为 10 万元，但也可以选择放弃市场，不投广告。投 10 万元广告有一次选单机会，每增加 20 万元多一次机会，如果投入小于 10 万元则无选单机会，但仍扣除广告费，并对计算市场广告额有效。广告投入可以是非 10 倍数，如 11 万元、12 万元。

若在本地市场拿 2 张订单，则在条件允许的情况下，广告费至少为 30 万元才有机会拿到 2 张订单。注意：如果订单要求具有 ISO 认证，则需先完成 ISO 认证才能拿到订单，否则即会违约。

对于广告投放，只有教师/裁判宣布的最晚时间，没有最早时间，即在系统当年经营结束后可以马上投放下一年的广告。

另外，按照本市场、本产品的广告额投放大小及顺序依次选单，例如，如果两队本市场、本产品的广告额相同，则先看本市场的广告投放总额；如果本市场的广告总额也相同，则看上一年本市场的销售排名；如果仍无法决定，则先投放广告者先选单。第一年无订单。

选单时，两个市场同时开单，各队需要同时关注两个市场的选单进展，其中一个市场结束，则第三个市场立即开单，即任何时候都会有两个市场同开，除非到最后只剩下一个市场选单未结束。若某年有本地、区域、国内、亚洲四个市场有选单，则系统将本地、区域同时开单，各市场按 P1、P2、P3、P4、P5 的顺序独立开单；若本地市场选单结束，则国内市场立即开单；若此时区域、国内二市场保持同开，紧接着区域选单结束，则亚洲市场立即开单，即国内、亚洲二市场同开。选单时，各队需要单击相应市场的按钮，这是因为某一市场选单结束后，系统不会自动跳到其他市场。

注意：

①出现对话框后，要在倒计时大于 5 s 时，单击"确认"按钮，否则可能造成选单无效。

②在某细分市场（如本地、P1）有多次选单机会，只要放弃一次，则视同放弃该细分市场、该产品的选单机会。

③投了广告不代表一定就能拿到订单，需要精准把控广告费的投入。

3.2 企业运营规则

3.2.1 厂房购买、租赁与出售

厂房共分为大厂房、中厂房、小厂房三种。具体有关厂房购买、租赁、出售的相关信息，见表 3-2。

表 3-2 厂房相关信息

厂房	买价/ 万元	租金/ （万元·年$^{-1}$）	售价/ 万元	容量/ 条	说明
大厂房	400	40	400	4	厂房出售得到 4 个账期的应收款，紧急情况下可进行厂房贴现（4 季贴现），直接得到现金，若厂房中有生产线，则要同时扣除租金
中厂房	300	30	300	3	
小厂房	200	20	200	2	

每季均可租或买厂房，租满一年的厂房在满年的季末（如第2季租的，则以后各年的第2季为满年），需要进行"厂房处理"，即进行"租转买""退租"（当厂房中没有任何生产线时）等处理，如果未加处理，则原来租用的厂房在满年季末自动续租；厂房不计提折旧；生产线不允许在不同厂房间移动。

厂房使用可以任意组合，但总数不能超过4个。例如，可以租4个小厂房或买4个大厂房或租1个大厂房买3个中厂房。

3.2.2 生产线安装、转产与维护、出售

企业拥有手工线、自动线、柔性线、租赁线等生产线，生产线能生产所有产品，加工费均为10万元/个。不同生产线的性能不同，生产效率也不同，需要根据自身情况选择生产线。不同生产线的相关费用，见表3-3。

表3-3 生产线相关费用

生产线	购置费/万元	安装周期/Q	生产周期/Q	总转产费/万元	转产周期/Q	维修费/（万元·年$^{-1}$）	残值/（万元·年$^{-1}$）
手工线	35	无	2	0	无	8	5
自动线	150	3	1	20	1	15	30
柔性线	200	4	1	0	无	20	40
租赁线	0	无	1	0	无	70	-70

①不论何时出售生产线，从生产线净值中取出相当于残值的部分计入现金，净值与残值之差计入损失；

②只有空的并且已经建成的生产线才可转产；

③当年建成的生产线、转产中的生产线都要交维修费；

④生产线不允许在不同厂房间移动；

⑤手工线不计小分。

3.2.3 原材料采购

原材料的采购主要是算准原材料的提前期，如R1的提前期为1，意味着如果想在第2季度生产P1，则必须在第1季度下好R1的订单，否则便无法生产P1，这是因为紧急采购会带来高昂的损失。具体原材料情况，见表3-4。

表3-4 具体原材料情况

名称	购买价格/（万元·个$^{-1}$）	提前期/季度
R1	10	1
R2	10	1

名称	购买价格/(万元·个$^{-1}$)	提前期/季度
R3	10	2
R4	10	2
R5	10	2

注意：

①紧急采购付款即到货，原材料价格为直接成本的 2 倍，成品价格为直接成本的 3 倍。

②紧急采购原材料和产品时，直接扣除现金。上报报表时，成本仍然按照标准成本记录。

③紧急采购多付出的成本计入综合费用表损失项。

3.2.4 新产品研发、构成与生产

新产品的研发投资可以同时进行，按季度平均支付费用，可随时中断或终止投资，但不可加速投资，必须研发完成后才能生产产品。具体产品情况，见表 3 - 5。

表 3 - 5 具体产品情况

名称	开发费用/(万元·季$^{-1}$)	开发周期/季	加工费/(万元·个$^{-1}$)	直接成本/(万元·个$^{-1}$)	产品组成
P1	10	2	10	20	R1
P2	10	3	10	30	R1 + R2
P3	10	4	10	40	R1 + R2 + R3
P4	15	4	10	50	R1 + R2 + R3 + R4
P5	20	4	10	60	R1 + R2 + R3 + R4 + R5

例如，企业从第 1 年第 1 季开始研发 P3，研发周期为 4 个季度，则企业要到第 1 年第 4 季度才能完成研发投资，第 2 年第 1 季可以开始生产，因此，在第 1 年年末可以抢 P3 订单。

注意：研发产品一定要算准周期，提前下好原料订单，争取从研发到材料再到生产的无缝连接，从而确保资金流的完美运转。

3.2.5 ISO 认证

ISO (International Organization for Standardization) 是国际标准化组织的简称，

ISO 认证是国际标准化组织颁布的在全世界范围内通用的关于质量管理方面的系列标准。

在 ERP 企业经营沙盘模拟中，ISO 认证分为 ISO 9000 与 ISO 14000 质量认证。具体认证要求，见表 3 - 6。

表 3 - 6 具体认证要求

认证	ISO 9000	ISO 14000	说明
时间/年	1	1	认证费用按认证时间在年末平均支付，不允许加速投资，但可中断投资。ISO 认证完成后，领取相应的认证资格
费用/(万元·年$^{-1}$)	20	30	

ISO 认证无须交维护费，中途可停止使用，也可继续拥有资格并在以后年份使用。ISO 认证，只有在第 4 季度才可以操作。

3.2.6 融资渠道

企业融资渠道分为长期贷款与短期贷款。长期贷款是指 1 年以上的贷款，还款期限为 1 ~ 5 年，每年还息，到期付本；短期贷款是指为期 1 年的贷款，可按季度贷款，到期一次性还本付息。具体融资情况，见表 3 - 7。

表 3 - 7 具体融资情况

贷款类型	贷款时间	贷款额度	年息	还款方式
长期贷款	每年年初	所有长贷和短贷之和不能超过上年权益的 3 倍	10%	年初付息，到期还本；每次贷款为不小于 10 整数
短期贷款	每季度初		5%	到期一次还本付息；每次贷款为不小于 10 整数
资金贴现	任何时间	视应收/款额	10%（1 季、2 季）；12.5%（3 季、4 季）	变现时贴息，可对 1、2 季应收款额联合贴现（3、4 季同理）
库存拍卖	原材料 8 折，成品按成本价			

注意：

①长贷利息计算，所有不同年份长贷加总再乘利率，然后四舍五入算利息；短贷利息是按每笔短贷分别计算。

②所有长贷和短贷之和不能超过上年权益的 3 倍。

③最好的贷款方式不是只贷长贷，或者只贷短贷，而是长短贷相结合。

3.2.7 综合费用与折旧、税金、利息

综合费用：管理费（每个季度为10万元）、广告费、维护费、损失费、转产费、租金、市场开拓费、产品研发费、ISO认证费、信息费等。综合费用，见表3-8。

表3-8 综合费用 万元

费用名 \ 用户名	U01	U02	U03	U04
管理费	40	40	40	40
广告费	89	153	259	273
维护费	120	70	120	200
损失费	0	20	0	0
转产费	0	0	0	0
租金	120	40	160	160
市场开拓费	10	20	10	10
产品研发费	0	20	0	40
ISO认证费	0	0	0	0
信息费	0	0	0	0
合计	379	363	589	723

折旧：设备折旧按余额递减法计算，当年建成的生产线不计提折旧，当净值等于残值时，生产线不再计提折旧，但可以继续使用。平均年限法折旧方式，见表3-9。

表3-9 平均年限法折旧方式 万元

生产线	购置费	残值	建成第1年	建成第2年	建成第3年	建成第4年	建成第5年
手工线	35	5	0	10	10	10	0
自动线	150	30	0	30	30	30	30
柔性线	200	40	0	40	40	40	40

税金：每年所得税计入应付税金，在下一年年初缴纳，所得税税率为25%。

注意：交税应满足以下条件。

①经营企业的上一年权益＋今年的税前利润＞模拟企业的初始权益。

②经营企业需当年盈利（税前利润为正）。

利息：每年以及每季度用于支付长短贷的利息费用。

3.2.8　企业破产界定

当企业权益为负（当年结束系统生成资产负债表时为负）或现金断流时（权益和现金为0），视为企业破产。

3.2.9　企业综合排名计算

完成预先规定的经营年限后，将根据各队的最后分数进行评分，分数高者为优胜者。

总成绩 = 所有者权益 × (1 + 企业综合发展潜力/100) - 罚分 + 奖励分

企业综合发展潜力，见表3 - 10。

表3 – 10　企业综合发展潜力

项目	综合发展潜力分数
自动线	+8/条
柔性线	+10/条
本地市场开发	+7
区域市场开发	+7
国内市场开发	+8
亚洲市场开发	+9
国际市场开发	+10
ISO 9000 认证	+8
ISO 14000 认证	+10
P1 产品开发	+7
P2 产品开发	+8
P3 产品开发	+9
P4 产品开发	+10
P5 产品开发	+11

注意：

①若有若干队分数相同，则最后一年在系统中先结束经营（而非指在系统中填制报表者排名靠前）。

②生产线建成即加分，无须生产出产品，也无须有在制品。手工线、租赁线、厂房无加分。

任务 4

初始年运营

学习准备

在了解 ERP 的概念、沙盘发展及模拟沙盘规则之后，需要进行实际的模拟操作。在本任务中，需要了解模拟企业全年的运营流程及年度操作细节，对企业的市场、生产、销售、财务各个方面做出充分的规划。

学习目标

1. 掌握全年运营总流程；
2. 掌握年度运营操作要求；
3. 了解企业初始年的年初财务状况和企业经营状况；
4. 了解企业初始年的订单和企业配送计划；
5. 学习推演企业初始年的运营分解任务；
6. 学习企业年末财务报表的编制。

学习要求

对 ERP 企业经营沙盘模拟中的全年运营流程及详细的操作流程，必须做到心中有数。在掌握了运营流程和操作要求之后，为了使模拟企业的经营状况更好，需要对企业的市场、生产、销售、财务各个方面做充分的规划。

4.1 初始年简介

在进行企业经营模拟之前，必须清楚地了解企业的初始状态。模拟企业的生产制造型企业为背景，企业运营所处的内外部环境均抽象为一系列的规则，由学生组成相互竞争的各个模拟企业。各个企业初始年的状态全部一样，均是股东资本为 600 万元，相当于持有 600 万元现金，其他应收款、在制品、成品、原材料、固定资产、负债、利润留存和年度净利等均为 0 万元，满足负债加上所有者权益等于资产这个恒等式。通过模拟企业 6 年（或 8 年）的经营，使学生在分析市场、制定战略、营销策划、组织生产、财务管理等一系列活动中，领悟科学的管理规律，全面提升管理能力。企业初始年资产负债表，见表 4 - 1。

表 4 - 1　企业初始年资产负债表　　　　　万元

项目	第 0 年
现金	600
应收款	0
在制品	0
成品	0
原材料	0
流动资产合计	600
土地和建筑	0
机器与设备	0
在建工程	0
固定资产合计	0
资产合计	600
长期负债	0
短期负债	0
应付账款	0
应付税金	0
负债合计	0
股东资本	600
利润留存	0
年度净利	0
所有者权益合计	600
负债和所有者权益合计	600

4.2　全年运营流程说明

4.2.1　年度运营总流程

学员模拟经营企业经营 6 个年度，每个年度分设 4 个季度运行。企业年度运营总流程，如图 4 - 1 所示。

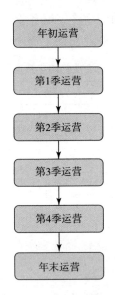

图 4 - 1   企业年度运营总流程

4.2.2   年初运营流程

企业年初运营流程包括年度规划会议、投放广告、支付广告费、支付所得税、参加订货会、长期贷款。企业年初运营流程，如图 4 - 2 所示。

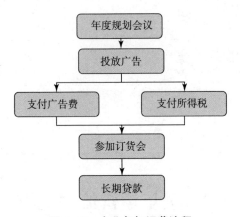

图 4 - 2   企业年初运营流程

4.2.3   每季度内运营流程

每季度内运营主要流程包括申请短贷、订购原料、购租厂房、新建生产线、开始生产、按订单交货等，具体流程如图 4 - 3 所示。

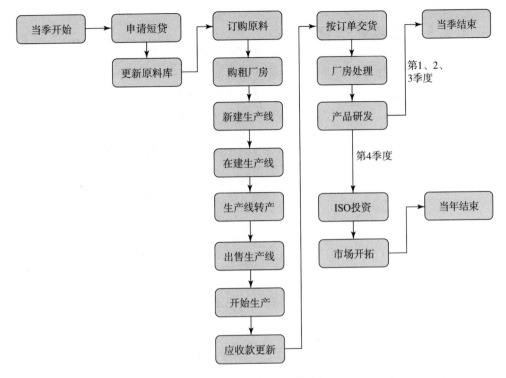

图 4 - 3　每季度内运营流程

4.2.4　年末运营操作流程

企业年末运营操作流程主要包括填写报表和投放广告。填写报表具体流程，如图 4 - 4 所示。

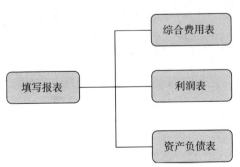

图 4 - 4　填写报表具体流程

4.2.5　流程外运营操作

除上述运营操作外，企业随时可进行以下运营操作，如图4－5所示。

注：为保证企业按规则经营，系统限制了各组企业在参加竞单会过程中进行紧急采购和间谍操作。

图4－5　流程外运营操作

4.3　操　作　说　明

4.3.1　登录系统

打开 IE 浏览器，输入"IP＋端口"，如 http：//172.16.52.80：8081，运行即可。浏览器版本须为 IE8 以上，若选择 360 浏览器，需要选择极速模式，这是因为兼容模式一般为 IE7，不符要求。进入登录页面（图4－6），用户名和密码

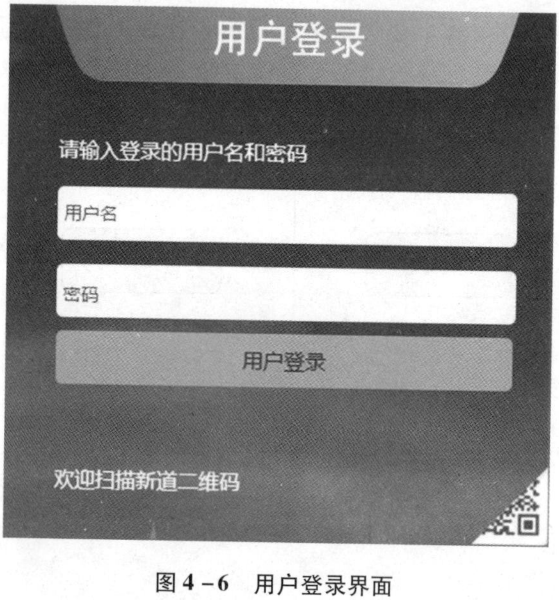

图4－6　用户登录界面

以指导教师设置的为准，一般常见的用户名为 U01 ~ U10，初始密码均为 1，输入对应的组和密码即可登录系统。

4.3.2　年初运营操作

1. 年度规划会议

年度规划会议在每运营年度开始时召开，在软件中无须操作。年度规划会议一般由团队的 CEO 主持召开，会同团队中的采购、生产、销售等负责人一起进行全年的市场预测分析、广告投放、订单选取、产能扩张、产能安排、材料订购、订单交货、产品研发、市场开拓、筹资管理和现金控制等方面的分析和决策规划，最终完成全年运营的财务预算。

2. 支付广告费和支付所得税

选择"当年结束"选项，系统时间切换到下一年年初，在投放广告时，确认投放后系统会自动扣除所投放的广告费和上年应交的所得税。

3. 参加订货会

[操作]

选择主页面下方操作区的"参加订货会"菜单，弹出"订货会就绪"对话框（图 4 - 7）或"参加订货会"对话框（图 4 - 8）。当其他企业存在未完成投放广告操作时，当前组显示图 4 - 7 界面；当所有企业均已经完成投放广告，而且教师/裁判已经启动订货会时，系统会显示图 4 - 8 界面。

图 4 - 7　"订货会就绪"对话框

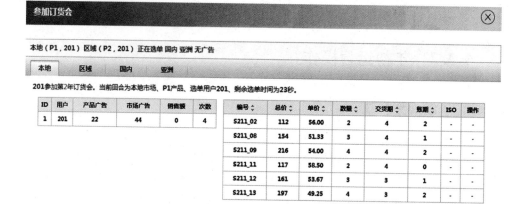

图 4 - 8 "参加订货会"对话框

[说明]

系统会提示正在进行选单的市场（显示为红色）、选单用户和剩余选单时间，企业选单时，特别要关注上述信息。

对话框左边显示某市场的选单顺序，右边显示该市场的订单列表。未轮到当前用户选单时，右边操作一列无法单击。当轮到当前用户选单时，操作显示"选中"按钮，单击"选中"按钮，即完成选单。当选单倒计时结束后，用户无法选单。

选单时，要特别注意两个市场同时进行选单的情况，此时，很容易漏选市场订单。全部市场选单结束后，订货会结束。

4. 长期贷款

[操作]

选择主页面下方操作区的"申请长贷"菜单，弹出"申请长贷"对话框（图 4 -9）。对话框中显示本企业当前时间可以贷款的最大额度，选择"需贷款年限"下拉框，选择贷款年限，在"需贷款额"录入框中输入贷款金额，单击"确认"按钮，即申请长贷操作成功。

[说明]

需贷款年限，系统预设有 1 年、2 年、3 年、4 年和 5 年。最大贷款额度，系统设定为上年年末企业所有者权益的 N 倍，N 具体为多少，由教师/裁判在参数设置中设定。需贷款额，由企业在年度规划会议中根据企业运营规划确定，但不得超过最大贷款额度。

长期贷款为分期付息，到期一次还本。年利率由教师/裁判在参数设置中设定。

图 4 - 9　"申请长贷"对话框

[举例]

若长期贷款年利率设定为 10%，最大贷款额度设定为上年年末所有者权益的 3 倍，企业上年年末所有者权益总额为 80 万元，则本年度贷款上限为 240 万元（240 万元 = 80 万元 × 3）。假定企业之前没有贷款，则本次贷款最大额度为本年度贷款上限，即 240 万元。若企业之前已经有 100 万元的贷款，则本次贷款最大额度为本年度贷款上限减去已贷金额，即 140 万元。

若企业第 1 年年初贷款额为 100 万元，期限为 5 年，则系统会在第 2、3、4、5、6 年年初每年自动扣除长贷利息为 10 万元（10 万元 = 100 万元 × 10%），并在第 6 年年初自动偿还贷款本金为 100 万元。

4.3.3　每季度运营操作

1. 当季开始

[操作]

单击"当季开始"按钮，系统会弹出"当季开始"对话框（图 4 - 10），该操作完成后，才能进入季度内的各项操作。

[说明]

完成"当季开始"操作时，系统会自动完成短期贷款的更新，偿还短期借款本息，检测更新生产/完工入库情况（若已完工，则完工产品会自动进入产品库，可通过查询库存信息了解入库情况），以及生产线完工/转产完工情况。

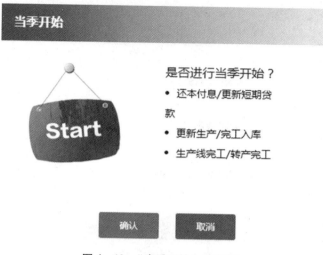

图4-10 "当季开始"对话框

2. 申请短贷

［操作］

选择主页面下方操作区的"申请短贷"菜单，弹出"申请短贷"对话框（图4-11）。在"需贷款额"录入框中输入具体金额，单击"确认"按钮，即申请短贷成功。

图4-11 "申请短贷"对话框

［说明］

短贷期限默认为1年，到期一次还本付息，贷款年利率由教师/裁判在参数设置中设定，短贷申请时，不得超过"申请短贷"对话框中的"最大贷款额度"。

［举例］

假定企业短期贷款年利率为5%，则企业若在第1年第1季度贷入20万元，那么，企业需要在第 2 年第 1 季度偿还该笔短贷本金为 20 万元和利息为 1 万元（1 万元 = 20 万元 × 5%）。

3. 更新原料库

［操作］

选择主页面下方操作区的"更新原料库"菜单，弹出"更新原料"对话框（图 4 - 12），提示当前应入库原料需支付的现金。确认金额无误后，单击"确认"按钮，系统扣除现金并增加原料库存。

图 4 - 12　"更新原料"对话框

［说明］

ERP 企业经营沙盘模拟运营中，原材料一般分为 R1、R2、R3、R4 四种，它们的采购价由系统设定，一般每个原材料价格均为 1 万元。其中，R1、R2 原材料是在订购 1 个季度后支付，R3、R4 原材料是在订购 2 个季度后支付。

［举例］

假定每种原材料每个采购价均为 1 万元，若某企业在第 1 季度订购了 R1、R2、R3、R4 各 1 个，第 2 季度又订购了 R1、R2、R3、R4 各 2 个，则在第 2 季度更新原料库时，需支付的材料采购款为 2 万元（即第 1 季度订购的 R1 和 R2 材料款），在第 3 季度更新原料库时，需支付的材料采购款为 6 万元（即第 1 季度订购的 R3、R4 材料款和第 2 季度订购的 R1、R2 材料款）。分析过程详见图 4 - 13。

4. 订购原料

［操作］

选择主页面下方操作区的"订购原料"菜单，弹出"订购原料"对话框（图 4 - 14），显示原料名称、价格、数量以及运货周期信息，在"数量"一列输入需订购的原料量值，单击"确认"按钮即可。

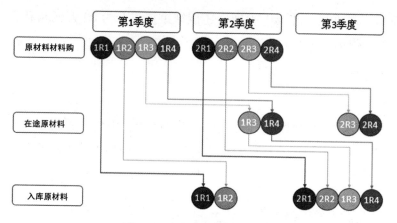

图 4 – 13　原材料需求量分析

订购原料

原料	价格	运货期	数量
R1	10W	1季	0
R2	10W	1季	0
R3	10W	2季	0

确认　　取消

图 4 – 14　"订购原料"对话框

［说明］

企业原材料一般分为 R1、R2、R3、R4 四种。其中，R1、R2 原材料需提前 1 个季度订购，在 1 个季度后支付材料款并入库，R3、R4 原材料需提前 2 个季度订购，在 2 个季度后支付材料款并入库。材料订购数量由后期生产需要来决定，订购多了会造成现金占用，订购少了则不能满足生产需要，会造成生产线停产，甚至不能按期完成产品交货，导致产品订单违约。

［举例］

若企业第 2 季度需要领用 5R1、4R2，第 3 季度需要领用 3R1、4R2、5R3、4R4，第 4 季度需要领用 4R1、6R2、4R3、5R4，则企业第 1 季度需要订购的原材料为 5R1、4R2、5R3、4R4，第 2 季度需订购的原材料为 3R1、4R2、4R3、5R4。

5. 购租厂房

[操作]

选择主页面下方操作区的"购租厂房"菜单，弹出"购租厂房"对话框（图 4 – 15），单击"厂房类型"下拉框，选择厂房类型，下拉框中显示每种厂房的购买价格、租用价格等信息。选择订购方式"买"或"租"，单击"确认"按钮即可。

图 4 – 15　"购租厂房"对话框

[说明]

厂房类型可以根据需要选择大厂房或小厂房，订购方式可以根据需要选择"买"或"租"。厂房每季均可购入或租入。

若选择购入，则需一次性支付购买价款，无后续费用；若选择租入，则需每年支付租金，租金支付时间为租入当时以及以后每年对应季度的季末。

[举例]

若企业在第 1 年第 2 季度选择购入 1 个大厂房，则系统会在购入时一次性扣除相应的购买价款，以后不再产生相关扣款。

若企业在第 1 年第 2 季度选择租入 1 个大厂房，则需在第 1 年第 2 季度租入时支付第 1 年租金，以后每年的租金由系统自动在第 2 季度末支付。

6. 新建生产线

[操作]

选择主页面下方操作区的"新建生产线"菜单，弹出"新建生产线"对话框（图 4 – 16）。选择放置生产线的厂房，单击"类型"下拉框，选择要新建的生产线类型，下拉框中显示生产线购买的价格信息，选择通过新建的生产线计划生产的产品类型，然后单击"确认"按钮即可。

提醒：新建多条生产线时，无须退出该界面，可重复操作。

图4-16 "新建生产线"对话框

[说明]

生产线一般包括手工线、半自动线、自动线和柔性线等，各种生产线的购买价格、折旧、残值、生产周期、转产周期、建造周期详见规则说明。

[举例]

若规则规定：手工线买价为35万元、建造期为0季度，半自动线买价为100万元、建造期为1季度，自动线买价为150万元、建造期为3季度，柔性线买价为200万元、建造期为4季度。

企业如果在第1年第1季度同时建造上述生产线，则第1季度新建生产线时需支付235万元（手工线为35万元、半自动线为100万元、自动线为50万元、柔性线为50万元）；第2季度在建生产线时需支付100万元（自动线为50万元、柔性线为50万元）；第3季度在建生产线时需支付100万元（自动线为50万元、柔性线为50万元）；第4季度在建生产时需支付50万元（柔性线为50万元）。建造过程详见表4-2。

表4-2 建造过程　　　　　　　　　　　　　　　万元

季度 项目	第1年 第1季度	第1年 第2季度	第1年 第3季度	第1年 第4季度	第2年 第1季度	总投资额
手工线	35 建成					35
半自动线	100 在建	建成				100
自动线	50 在建	50 在建	50 在建	建成		150
柔性线	50 在建	50 在建	50 在建	50 在建	建成	200
当季投资总额	235	100	100	50		

7. 在建生产线

[操作]

选择主页面下方操作区的"在建生产线"菜单，弹出"在建生产线"对话框（图 4-17）。对话框中显示需要继续投资建设的生产线的信息，勾选决定继续投资的生产线，单击"确认"按钮即可。

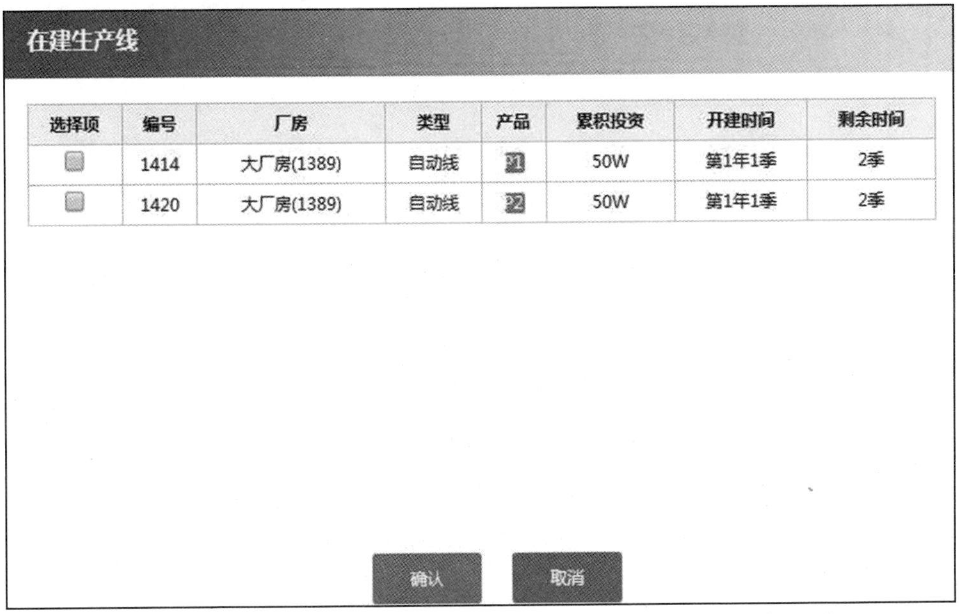

在建生产线

选择项	编号	厂房	类型	产品	累积投资	开建时间	剩余时间
☐	1414	大厂房(1389)	自动线	P1	50W	第1年1季	2季
☐	1420	大厂房(1389)	自动线	P2	50W	第1年1季	2季

确认　　取消

图 4-17 "在建生产线"对话框

[说明]

只有处在建造期的生产线才会在此对话框中显示，该对话框中会提供处于建造期间的生产线的累计投资额、开建时间和剩余建造期。

8. 生产线转产

选择主页面下方操作区的"生产线转产"菜单，弹出"生产线转产"对话框（图 4-18）。对话框中显示可以进行转产的生产线信息，勾选转产的生产线以及转产后要生产的产品，单击"确认"按钮即可。

[说明]

生产线建造时已经确定了生产的产品种类，但是在企业运营过程中，为实现不同产品数量的订单按时交货，可能会对生产线生产的产品进行适当的转产操作。转产时，要求该生产线处于待生产状态，否则不可进行转产操作。

转产时，不同生产线的转产费用和转产周期是有区别的，具体详见规则说

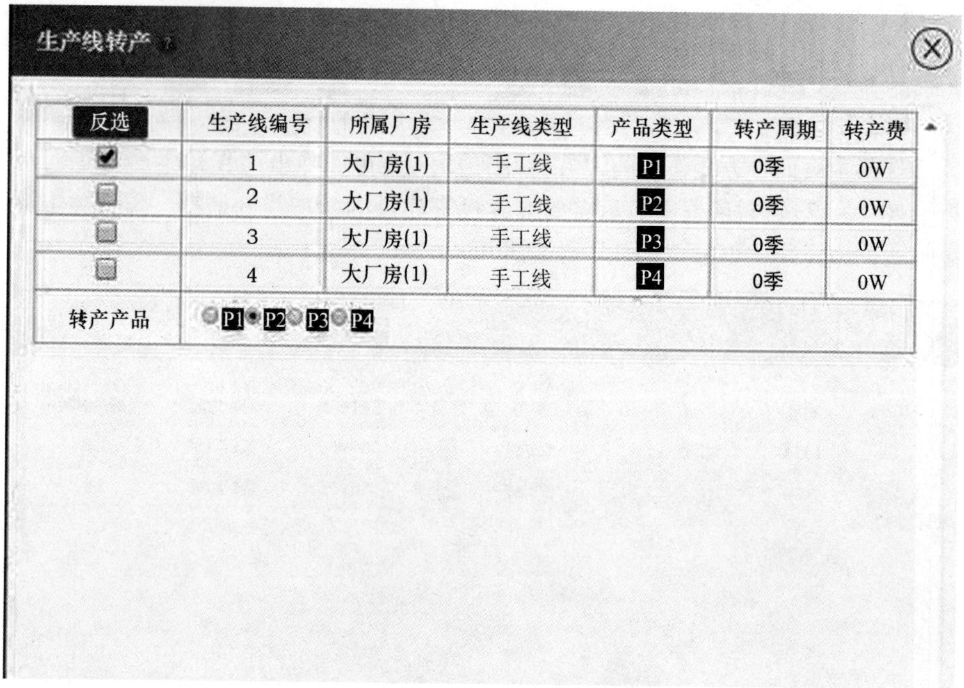

图 4-18 "生产线转产"对话框

明。当转产周期大于 1 季度时，下一季度单击生产线转产，对话框中显示需要继续转产的生产线，勾选即继续投资转产，不勾选即中断转产。

[举例]

假定规则规定：手工线转产周期为 0 季度，转产费用为 0 万元。若某手工线原定生产 P1 产品，现在需要转产为 P2 产品，则转产时要求该手工线上没有在产品方能转产，且转产当季即可上线生产新的 P2 产品，无须支付转产费用。

假定规则规定：半自动线转产周期为 1 季度，转产费用为 1 万元。若某半自动线原定生产 P1 产品，现在需要转产为 P2 产品，则转产时要求该半自动线上没有在产品方能转产，且需进行 1 个季度的"生产线转产"操作后，方能上线生产新的 P2 产品，且需支付相应的转产费用为 1 万元。

9. 出售生产线

[操作]

选择主页面下方操作区的"出售生产线"菜单，弹出"出售生产线"对话框（图 4-19）。对话框中显示可以进行出售的生产线信息。勾选要出售的生产线，单击"确认"按钮即可。

[说明]

生产线出售的前提是该生产线是空置的，即没有在生产产品。出售时，按残

出售生产线

选项	生产线编号	类型	开建时间	所属厂房	产品	净值	建成时间
☐	1407	超级手工(1407)	第1年1季	大厂房(1389)	P1	30	第1年1季
☐	1410	超级手工(1410)	第1年1季	大厂房(1389)	P1	30	第1年1季

图 4-19　"出售生产线"对话框

值收取现金，按净值（生产线的原值减去累计折旧后的余额）与残值之间的差额作为企业损失，即已提足折旧的生产线不会产生出售损失，未提足折旧的生产线必然产生出售损失。

［举例］

假定规则规定：半自动线建设期为 1 季度、原值为 10 万元、净残值为 2 万元、使用年限为 4 年，若某企业第 1 年第 1 季度开建一条半自动线，该生产线系第 1 年第 2 季度建成，只要该生产线处于待生产状态即可进行出售。

若建成后当年将其出售，则会收到 2 万元现金，同时产生 8 万元损失（8 万元损失 = 原值 10 万元 - 累计折旧 0 万元 - 净残值 2 万元），若第 2 年将其出售，则会收到 2 万元现金，同时产生 6 万元损失 6 万元损失 = 原值 10 万元 - 累计折旧 2 万元 - 净残值 2 万元），以此类推。

10. 开始生产

［操作］

选择主页面下方操作区的"开始生产"菜单，弹出"开始下一批生产"对话框（图 4-20）。对话框中显示可以进行生产的生产线信息。勾选要投产的生产线，单击"确认"按钮即可。

［说明］

开始下一批生产时，应保证相应的生产线空闲、产品完成研发、生产原料充

开始下一批生产

生产线编号	所属厂房	生产线类型	生产类型	全选
1407	大厂房(1389)	超级手工(1407)	P1	☐
1410	大厂房(1389)	超级手工(1410)	P1	☐

确认　　取消

图 4 – 20　"开始下一批生产"对话框

足、投产用的现金足够，上述四个条件缺一不可。开始下一批生产操作时，系统会自动从原材料仓库领用相应的原材料，并从现金处扣除用于生产的人工费用。

［举例］

假定规则规定：P1 产品构成为"1R1 + 1 万元"，当前要在某半自动线上上线生产 P1 产品，则要求该半自动线此时没有在生产产品（因为一条生产线同时只能生产 1 个产品），且原材料仓库需有 1 个 R1 原材料，以及 1 万元的现金余额用于支付产品生产的人工费。上线生产后，系统会自动从 R1 原材料库中领用 1 个 R1，并从现金库中扣除 1 万元的生产费用。

11. 应收款更新

［操作］

选择主页面下方操作区的"应收款更新"菜单，弹出"应收款更新"对话框（图 4 – 21），单击"确认"按钮即可。

收现 金额（1期）　0 W

确认　　取消

图 4 – 21　"应收款更新"对话框

[说明]

应收款更新操作实质上是将企业所有的应收款项减少 1 个收账期，它分为两种情况：一部分针对本季度尚未到期的应收款，系统会自动将其收账期减少 1 个季度；另一部分针对本季度到期的应收款，系统会自动计算并在"收现金额"框内显示，单击"确认"收款，系统将自动增加企业的现金。

[举例]

若某企业上季度末应收款有如下两笔：一笔是账期为 3 季度、金额为 20 万元的应收款；另一笔是账期为 1 季度、金额为 30 万元的应收款。则本季度进行应收款更新时，系统会将账期为 3 季度、金额为 20 万元的应收款更新为账期为 2 季度、金额为 20 万元的应收款，同时系统会自动将账期为 1 季度、金额为 30 万元的应收款收现。

12. 按订单交货

[操作]

选择主页面下方操作区的"按订单交货"菜单，弹出"交货订单"对话框（图 4 – 22）。单击每条订单后的"确认交货"按钮即可。

订单编号	市场	产品	数量	总价	得单年份	交货期	账期	ISO	操作
S211_01	本地	P1	4	208W	第2年	4季	1季	-	确认交货
S211_03	本地	P1	4	208W	第2年	4季	3季	-	确认交货
S211_04	本地	P1	2	96W	第2年	4季	2季	-	确认交货
S211_05	本地	P1	1	53W	第2年	4季	3季	-	确认交货
S211_06	本地	P1	4	201W	第2年	4季	1季	-	确认交货
S211_07	本地	P1	4	179W	第2年	4季	0季	-	确认交货
S211_10	本地	P1	2	96W	第2年	4季	2季	-	确认交货

图 4 – 22 "交货订单"对话框

[说明]

"交货订单"对话框中会显示年初订货会上取得的所有产品订单，该订单会提供订单销售收入总价、某订单需交的产品种类和数量、交货期限、账期等信息。单击相应订单右边的"确认交货"按钮后，在相应产品库存足够的情况下提示交货成功，在库存不足的情况下弹出"库存不足"的提示框。订单交货后会收取相应的现金或产生相应的应收款。

[举例]

若企业获取的订单情况如图 4 – 22 所示，则表示上述订单均要求在当年第 4

季度结束前交货，如果不能按时交货则取消该产品订单，且要支付相应的违约金（违约金比率由教师/裁判在系统参数中设置）。

若当前为当年的第 3 季度，库存 P2 产品有 3 个，则企业可选择如 8 - 0016、8 - 0017、8 - 0018 3 个订单中的 1 个进行交货，若企业选择 8 - 0018 订单交货，则交货后企业会产生账期为 1 季度、金额为 18 万元的应收款，该应收款可在下季度应收款更新中收回。同时，系统会从 P2 产品库中减少 3 个 P2 产品予以交货。

13. 厂房处理

[操作]

选择主页面下方操作区的"厂房处理"菜单，弹出"厂房处理"对话框（图 4 - 23）。选择厂房的处理方式，系统会自动显示出符合处理条件的厂房以供选择。点选处理方式，单击"确认"按钮即可。

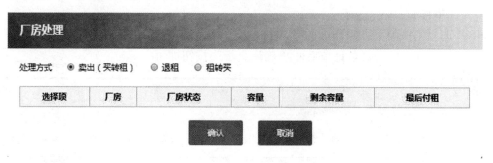

图 4 - 23 "厂房处理"对话框

[说明]

厂房处理方式包括卖出（买转租）、退租、租转买三种类型。

买转租操作针对原购入的厂房，实质上此操作包括两个环节：一是卖出厂房，同时将此厂房租回；二是卖出厂房将根据规则产生一定金额、一定账期的应收款（详见规则说明），租入厂房需支付相应的租金，这一操作无须厂房空置。

退租操作针对原租入的厂房，该操作要求厂房内无生产设备，若从上年支付租金时开始算，租期未满 1 年的，则无须支付退租当年的租金；反之，则需支付退租当年的租金。

租转买操作针对原租入的厂房，该操作是退租，同时将该厂房买入。退租当年租金是否需要支付，可参照"退租操作"说明，购买厂房时，需支付相应的购买价款，该操作无须厂房空置。

[举例]

假定规则规定：某大厂房购买价为 30 万元，租金为 4 万元/年。

若企业欲将原购入的大厂房买转租，则会产生期限为 4 季度、金额为 30 万元的应收款，同时系统会在买转租时自动扣除当期厂房租金为 4 万元。

假设企业在上年第 2 季度租入一个大厂房，如果在本年度第 2 季度结束前退租，则系统无须支付第 2 个年度的厂房租金；如果在本年度第 2 季度结束后退租，则系统需扣除第 2 个年度的厂房租金为 4 万元。此操作要求该厂房内无生产设备。

若企业欲租转买原租入的大厂房，则系统仍会在大厂房租入的对应季度扣除当年的租金，并且在租转买时支付大厂房的购买价款为 30 万元。

14. 产品研发

［操作］

选择主页面下方操作区的“产品研发”菜单，弹出“产品研发”对话框（图 4－24）。勾选需要研发的产品，单击“确认”按钮即可。

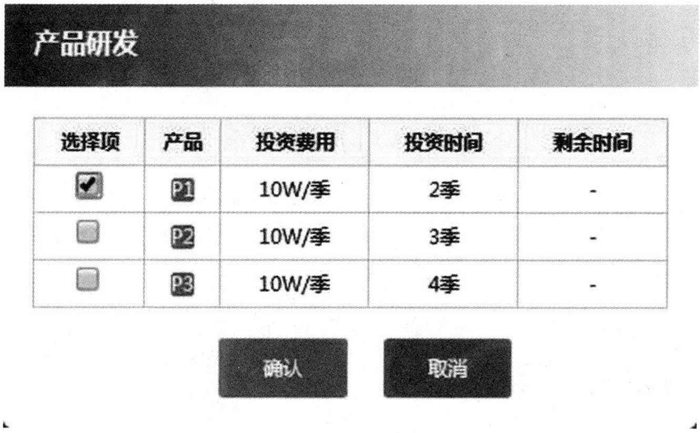

选择项	产品	投资费用	投资时间	剩余时间
☑	P1	10W/季	2季	-
☐	P2	10W/季	3季	-
☐	P3	10W/季	4季	-

图 4－24　“产品研发”对话框

［说明］

产品研发按照季度来投资，每个季度均可操作，中间可以中断投资，直至产品研发完成，产品研发成功后方能生产相应的产品。产品研发的规则详见规则说明。

［举例］

假定规则规定：P1、P2、P3、P4 的研发规则如下。

某企业在第 1 年第 1 季度开始同时研发上述 4 种产品，且中间不中断研发，则第 1 年第 1 季度需支付研发费用为 40 万元，第 1 季度无产品研发完成；第 1 年第 2 季度需支付研发费用为 40 万元，此时 P1 产品研发完成，第 3 季度即可生产 P1 产品；第 1 年第 3 季度需支付研发费用为 30 万元，此时 P2 产品研发完成，第 4 季度即可生产 P2 产品；第 1 年第 4 季度需支付研发费用为 20 万元，此时 P3 产品研发完成，第 2 年第 1 季度即可生产 P3 产品；第 2 年第 1 季度需支付研发费用为 10 万元，此时，P4 产品研发完成，第 2 年第 2 季度即可生产 P4 产品。具体研发过程，见表4-3。

表4-3 具体研发过程 万元

季度\项目	第1年第1季度	第1年第2季度	第1年第3季度	第1年第4季度	第2年第1季度	第2年第2季度
P1	10	10	研发完成			
P2	10	10	10	研发完成		
P3	10	10	10	10	研发完成	
P4	10	10	10	10	10	研发完成
当季投资总额	40	40	30	20	10	

15. ISO 投资

[操作]

该操作只有每年第4季度才出现。选择主页面下方操作区的"ISO 投资"菜单，弹出"ISO 投资"对话框（图4-25）。勾选需要投资的 ISO 资质，单击"确认"按钮即可。

图4-25 "ISO 投资"对话框

[说明]

ISO 投资包括产品质量（ISO 9000）认证投资和产品环保（ISO 14000）认证投资。企业若想在订货会上选取带有 ISO 认证的订单，必须取得相应的 ISO 认证资格，否则不能选取该订单。ISO 投资每年进行一次，可中断投资，直至 ISO 投资完成。

[举例]

若企业在订单市场中想选择带有 ISO 9000 认证的产品订单，则该企业必须已经完成 ISO 9000 认证的投资，否则不能选择该订单。

　　假定 ISO 投资规则规定：企业若在第 1 年同时开始投资 ISO 9000 和 ISO 14000，中间不中断投资，则第 1 年该企业需支付 ISO 投资额为 3 万元（3 万元 = ISO 9000 投资费用 1 万元 + ISO 14000 投资费用 2 万元），第 2 年该企业还需支付 ISO 投资额为 3 万元，此时完成 ISO 投资，该企业方可在第 3 年的年度订货会中选取带有 ISO 资格要求的订单。

16. 市场开拓

［操作］

　　该操作只有每年第 4 季度才出现。选择主页面下方操作区的"市场开拓"菜单，弹出"市场开拓"对话框（图 4 - 26）。勾选需要研发的市场，单击"确认"按钮即可。

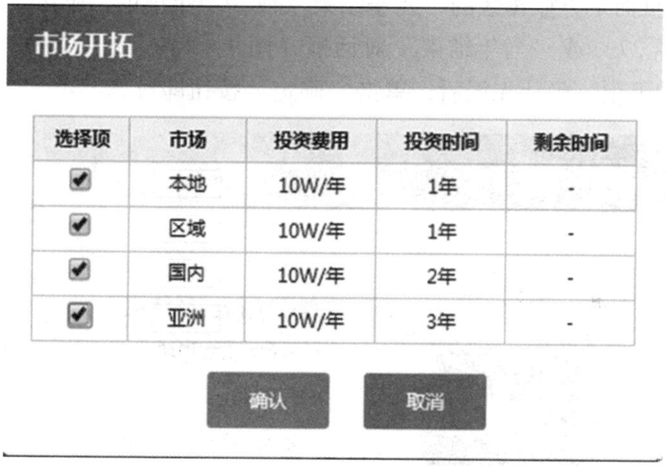

选择项	市场	投资费用	投资时间	剩余时间
✔	本地	10W/年	1年	-
✔	区域	10W/年	1年	-
✔	国内	10W/年	2年	-
✔	亚洲	10W/年	3年	-

图 4 - 26　"市场开拓"对话框

［说明］

　　ERP 企业经营沙盘模拟中的市场包括：本地市场、区域市场、国内市场、亚洲市场和国际市场。市场开拓是企业进入相应市场投放广告、选取产品订单的前提。市场开拓相关规则详见规则说明。市场开拓在每年第 4 季度末可操作一次，中间可中断投资。

［举例］

　　假定规则规定：本地市场、区域市场、国内市场、亚洲市场和国际市场的开拓期分别为 0、1、2、3、4 年，开拓费用均为每年 1 万元。若企业从第 1 年年末开始开拓所有市场，且中间不中断投资，则：

　　第 1 年年末需支付 5 万元（各类市场各为 1 万元）市场开拓费用，且当即完成本地市场的开拓，即在第 2 年年初的订货会上可对本地市场投放广告、选取订单。

第2年年末需支付3万元（国内市场、亚洲市场、国际市场各为1万元）市场开拓费用，且完成区域市场和国内市场的开拓，即在第3年年初的订货会上可对本地市场、区域市场和国内市场投放广告、选取订单。

第3年年末需支付2万元（亚洲市场、国际市场各为1万元）市场开拓费用，且完成亚洲市场的开拓，即在第4年年初的订货会上可对本地、区域、国内和亚洲市场投放广告、选取订单。

第4年年末需支付1万元（国际市场为1万元）市场开拓费用，且完成国际市场的开拓，即在第5年年初的订货会上可对所有市场投放广告、选取订单。

17. 当季/年结束

［操作］

该操作在每年1~3季度末显示"当季结束"，每年第4季度末显示"当年结束"。选择主页面下方操作区的"当季结束"或"当年结束"菜单，弹出"当季结束"（图4-27）或"当年结束"对话框（图4-28）。核对当季/年结束需要支付或更新的事项。确认无误后，单击"确定"按钮即可。

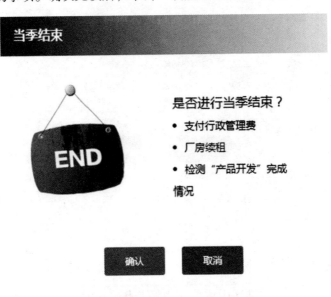

图4-27　"当季结束"对话框

［说明］

当季结束时，系统会自动支付行政管理费、厂房续租、检测"产品开发"完成情况。

当年结束时，系统会自动支付行政管理费、厂房续租、检测产品开发完成情况、检测新市场开拓完成情况、检测ISO资格认证投资完成情况、支付设备维修费、计提折旧、违约扣款。

当年结束

是否进行当年结束？

- 支付行政管理费
- 厂房续租
- 检测产品开发完成情况
- 检测新市场开拓完成情况
- 检测ISO资格认证投资完成情况
- 支付设备维修费
- 计提折旧
- 违约扣款

图 4 – 28　"当年结束"对话框

4.3.4　年末运营操作

1. 填写报表

［操作］

选择主页面下方操作区的"填写报表"菜单，弹出"综合费用表"对话框（图 4 – 29 ~ 图 4 – 31），依次在综合费用表、利润表、资产负债表的录入框内输入相应计算数值。三张表填写过程中都可单击"保存"按钮，暂时保存数据。单击"提交"按钮，即提交结果，系统计算数值是否正确并在教师端公告信息中显示判断结果。

［说明］

综合费用表反映企业期间费用的情况，具体包括管理费、广告费、设备维护费、转产费、租金、市场准入开拓、ISO 认证资格、产品研发费、信息费和其他等项目。其中，信息费是指企业为查看竞争对手的财务信息而需支付的费用，具体由规则确定。

利润表反映企业当期的盈利情况，具体包括销售收入、直接成本、毛利、综合管理费用、折旧前利润、折旧、支付利息前利润、财务费用、税前利润、所得税、净利润等项目。其中，销售收入为当期按订单交货后取得的收入总额；直接成本为当期销售产品的总成本；综合管理费用根据"综合费用表"中的合计数填列；折旧为当期生产线折旧总额；财务费用为当期借款所产生的利息总额；所得税根据利润总额计算。

综合费用表		
综合费用表	利润表	资产负债表
管理费	0	W
广告费	0	W
设备维护费	0	W
转产费	0	W
租金	0	W
市场准入开拓	0	W
ISO认证资格	0	W
产品研发费	0	W
信息费	0	W
其他	0	W
合计	0W	

提交　　保存

图 4 - 29　综合费用表

综合费用表		
综合费用表	利润表	资产负债表
销售收入	0	W
直接成本	0	W
毛利	0W	
综合管理费用	0	W
折旧前利润	0W	
折旧	0	W
支付利息前利润	0W	
财务费用	0	W
税前利润	0W	
所得税	0	W
净利润	0W	

提交　　保存

图 4 - 30　利润表

另外，下列项目系统自动计算，计算公式如下：

毛利 = 销售收入 - 直接成本

折旧前利润 = 毛利 - 综合管理费用

支付利息前利润 = 折旧前利润 - 折旧

税前利润 = 支付利息前利润 - 财务费用

净利润 = 税前利润 - 所得税

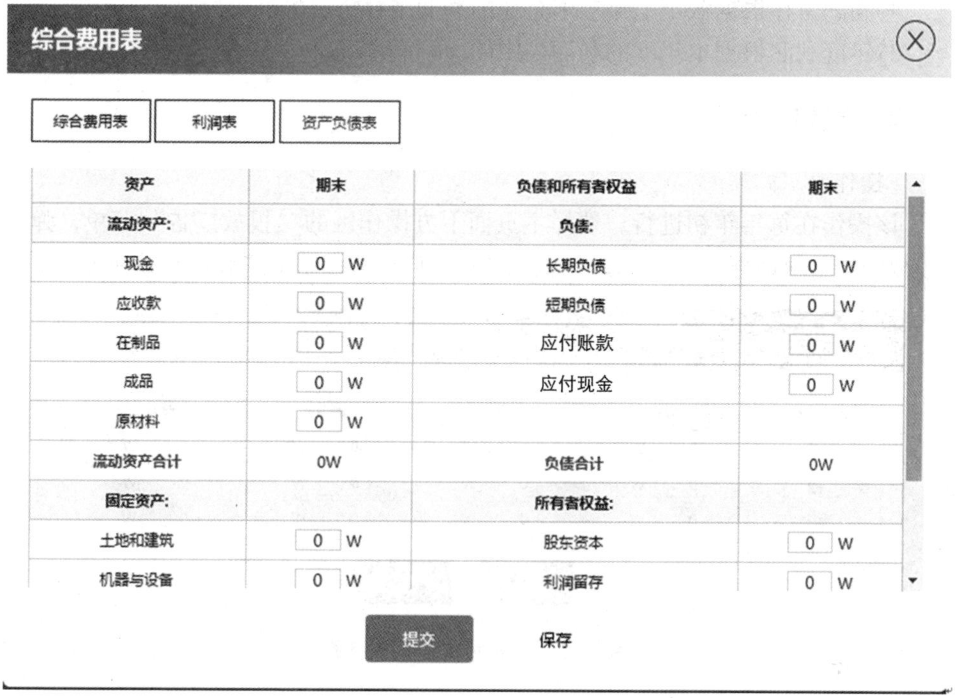
综合费用表

综合费用表　利润表　资产负债表

资产	期末	负债和所有者权益	期末
流动资产:		负债:	
现金	0 W	长期负债	0 W
应收款	0 W	短期负债	0 W
在制品	0 W	应付账款	0 W
成品	0 W	应付现金	0 W
原材料	0 W		
流动资产合计	0W	负债合计	0W
固定资产:		所有者权益:	
土地和建筑	0 W	股东资本	0 W
机器与设备	0 W	利润留存	0 W

提交　保存

图4-31　资产负债表

资产负债表反映企业当期的财务状况，具体包括：现金、应收款、在制品、成品、原材料等流动资产，土地和建筑、机器与设备、在建工程等固定资产；长期负债、短期负债、应付账款、应付税金等负债，以及股东资本、利润留存、年度净利等所有者权益项目。

其中，相关项目填列方法如下：

①现金根据企业现金结存数填列。

②应收款根据应收款余额填列。

③在制品根据在产的产品成本填列。

④成品根据结存在库的完工产品总成本填列。

⑤原材料根据结存在库的原材料总成本填列。

⑥土地和建筑根据购入的厂房总价值填列。

⑦机器与设备根据企业拥有的已经建造完成的生产线的总净值填列。

⑧在建工程根据企业拥有的在建的生产线的总价值填列。

⑨长期负债根据长期借款余额填列。

⑩短期负债根据短期借款余额填列。

⑪应付账款根据后台应付账款总额填列（一般不会遇到）。

⑫应付税金根据计算出的应缴纳的所得税金额填列。

⑬股东资本根据企业收到的股东出资总额填列。

⑭利润留存根据截至上年年末企业的利润结存情况填列。

⑮年度利润根据本年度的利润表中的净利润填列。

2. 投放广告

［操作］

该操作在每年年初进行，选择主页面下方操作区的"投放广告"菜单，弹出"投放广告"对话框（图4-32），输入各市场广告费，单击"确认"按钮即可。

产品市场	本地	区域	国内	亚洲
P1	0 W	0 W	0 W	0 W
P2	0 W	0 W	0 W	0 W
P3	0 W	0 W	0 W	0 W

确认　取消

图4-32　"投放广告"对话框

［说明］

市场开拓完成后，相应的市场显示为黑色字体，则可在该市场投放广告费。若市场显示为红色字体，则表示该市场尚未开拓完成，则不可在该市场投放广告费。市场广告费的投放要根据市场的竞争激烈程度、企业自身的产能布置、发展战略、竞争对手的广告投放策略等多方面因素综合考虑。广告投放后，就可等待教师/裁判开启订货会，订货会开启的前提是所有的小组均完成广告投放，只有这样，教师/裁判才会开启订货会。

4.3.5　流程外运营操作

1. 贴现

［操作］

此操作随时可进行，选择主页面下方操作区的"贴现"菜单，弹出"贴现"

对话框（图 4-33）。对话框中显示可以贴现的应收款金额，选好贴现期，在"贴现额"一列输入要贴现的金额。单击"确定"按钮，系统将根据不同贴现期扣除不同贴息，并将贴现金额加入现金。

图 4-33 "贴现"对话框

［说明］

贴现是指将提前收回未到期的应收款，由于该应收款并非正常到期收回，所以贴现时，需支付相应的贴现利息。贴现利息 = 贴现金额 × 贴现率。贴现率由教师/裁判在系统参数中设定，相关规定详见规则说明。这一操作一般在企业短期内存在现金短缺，且无法通过成本更低的正常贷款取得现金流时才考虑使用。

［举例］

假定某企业账期为 1 季度、2 季度的应收款贴现率均为 10%，账期为 3 季度和 4 季度的应收款贴现率为 12.5%。若现将账期为 2 季度、金额为 10 万元的应收款和账期为 3 季度、金额为 20 万元的应收款同时贴现，则：

贴现利息 = 10 × 10% + 20 × 12.5% = 3.5（万元）≈ 4 万元（规则规定贴现利息一律向上取整）

实收金额 = 10 + 20 - 4 = 26（万元）

贴现后收到的 26 万元，当即增加为企业现金，产生的贴现利息为 4 万元，作为财务费用入账。

2. 紧急采购

［操作］

该操作随时可进行，选择主页面下方操作区的"紧急采购"菜单，弹出"紧急采购"对话框（图 4-34）。对话框显示当前企业的原料、产品的库存数量以及紧急采购价格，在"订购量"录入框中输入具体数值，单击"确定"按钮即可。

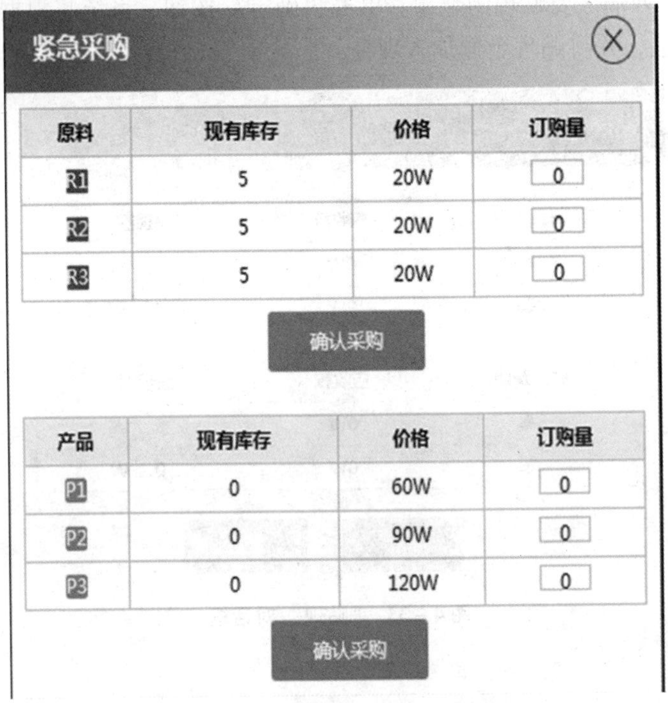

图 4-34 "紧急采购"对话框

[说明]

紧急采购是为了解决材料或产品临时短缺而出现的，企业原材料订购不足或产品未能按时生产出来，均可能造成产品订单不能按时交货，从而导致订单违约，失去该订单收入并需承担违约责任。为避免该损失，企业可通过紧急采购少量的短缺原材料或产品，满足生产或交货的需要，从而促使产品订单按时交货，由此取得相应的销售利润。紧急采购价格一般比正常的采购价要高很多，具体由教师/裁判在参数设置中设定。操作时，既可以紧急采购原材料，也可以紧急采购库存产品。

3. 出售库存

[操作]

该操作随时可进行，选择主页面下方操作区的"出售库存"菜单，弹出"出售库存"对话框（图 4-35）。对话框显示当前企业的原料、产品的库存数量以及出售价格，在"出售数量"录入框中输入具体数值，单击"确定"按钮即可。

[说明]

企业一般只有在资金极度短缺时才会考虑出售库存。库存出售一般会在成本

图 4 – 35　"出售库存"对话框

的基础上打折销售，出售价格由教师/裁判在参数设置中设定。

4. 厂房贴现

[操作]

该操作随时可进行，选择主页面下方操作区的"厂房贴现"菜单，弹出"厂房贴现"对话框（图 4 – 36）。对话框中显示可以贴现的厂房信息，选择某一

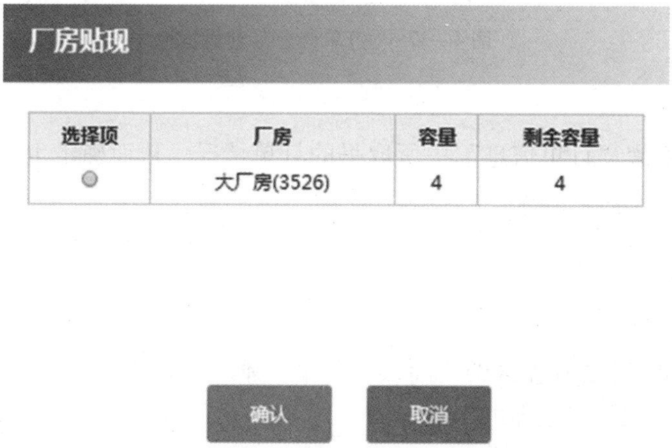

图 4 – 36　"厂房贴现"对话框

个厂房，单击"确定"按钮即可。系统根据每类厂房的出售价格贴现，如果有生产线，则扣除该厂房的租金，以保证厂房继续经营。

［说明］

该操作实质上是将厂房卖出（买转租）产生的应收款直接贴现取得现金。它与厂房处理中的卖出（买转租）的区别在于："卖出（买转租）"操作时产生的应收款并未直接贴现，而厂房贴现则直接将卖出（买转租）产生的应收款同时贴现。

5. 订单信息

［操作］

此操作随时可进行，选择主页面下方操作区的"订单信息"菜单，弹出"订单信息"对话框（图4－37）。对话框中显示当前企业所有年份获得的订单，可以查询每条订单的完成时间、状态等信息。

订单编号	市场	产品	数量	总价	状态	得单年份	交货期	账期	ISO	交货时间
S211_06	本地	P1	4	201W	未到期	第2年	4季	1季	-	-
S211_07	本地	P1	4	179W	未到期	第2年	4季	0季	-	-
S211_03	本地	P1	4	208W	未到期	第2年	4季	3季	-	-
S211_05	本地	P1	1	53W	未到期	第2年	4季	3季	-	-
S211_01	本地	P1	4	208W	未到期	第2年	4季	1季	-	-
S211_04	本地	P1	2	96W	未到期	第2年	4季	2季	-	-
S211_10	本地	P1	2	96W	未到期	第2年	4季	2季	-	-

图4－37 "订单信息"对话框

［说明］

可随时查阅"订单信息"中所取得的订单情况，从而确定生产安排、交货安排等情况。

6. 间谍

［操作］

选择主页面下方操作区的"间谍"菜单，弹出"间谍"对话框（图4－38）。单击"确认下载"按钮即可。

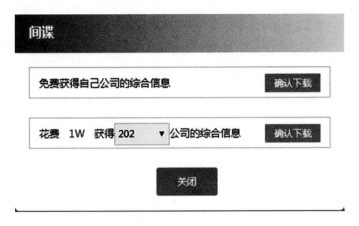

图 4-38　"间谍"对话框

[说明]

"间谍"对话框中可显示获得自己公司的信息和其他组信息两种，可免费获取自己公司的信息，并以 Excel 形式查阅或保存企业经营数据。若要查看其他公司的信息，则需支付教师/裁判在参数设置中设定的间谍费，才能以 Excel 形式查询其他任一组企业的数据。

任务 5

制定企业战略

学习准备

战略是对企业长期发展的长远规划。在企业模拟经营之前,学员应做好战略规划,包括市场战略、财务战略、生产及物流战略。

学习目标

1. 掌握战略的概念;
2. 理解沙盘经营战略的重要性;
3. 掌握市场战略、财务战略、生产战略的制定过程和要求。

学习要求

企业战略是对企业各种战略的统称,其中既包括竞争战略,也包括营销战略、发展战略、品牌战略、融资战略、技术开发战略、人才开发战略、资源开发战略等。企业战略层出不穷,如信息化就是一个全新的战略。企业战略虽然有多种,但基本属性是相同的,都是对企业的谋略,以及对企业整体性、长期性、基本性问题的计谋。例如,企业竞争战略是对企业竞争的谋略,是对企业竞争整体性、长期性、基本性问题的计谋;企业营销战略是对企业营销的谋略,是对企业营销整体性、长期性、基本性问题的计谋;企业技术开发战略是对企业技术开发的谋略,是对企业技术开发整体性、长期性、基本性问题的计谋;企业人才战略是对企业人才开发的谋略,是对企业人才开发整体性、长期性、基本性问题的计谋。以此类推,都是相同的。各种企业战略有同也有异,相同的是基本属性,不同的是谋划问题的层次与角度。总之,无论哪个方面的计谋,只要涉及的是企业整体性、长期性、基本性问题,就属于企业战略的范畴。市场营销学对企业战略的定义是:企业在市场经济竞争激烈的环境中,在总结历史经验、调查现状、预测未来的基础上,为谋求生存和发展而做出的长远性、全局性的谋划或方案。

5.1　企业市场战略

5.1.1　市场战略的含义及分类

1. 市场战略的定义

市场战略是指企业在复杂的市场环境中，为实现其经营目标而制定的一定时期内的市场营销总体规划。

2. 市场战略的分类

（1）按内容划分

①市场渗透战略。这种战略的目的在于增加老产品在原有市场上的销售量，即企业在原有产品和市场的基础上，通过提高产品质量、加强广告宣传、增加销售渠道等措施，来保持老用户，争取新用户，逐步扩大产品的销售量，提高原有产品的市场占有率。

②市场开拓战略，又称市场开发战略。它包括两个方面的内容：一是给产品寻找新的细分市场；二是企业为老产品寻找新的用途，在传统市场上寻找和吸引新的消费者，扩大产品的销售量。

③市场发展战略，又称新产品市场战略。企业为了保持市场占有率、取得竞争优势，并不断扩大产品销售，就必须提高产品质量、改进产品，刺激、增加需求。

④混合市场战略。为了提高竞争力，企业需要不断开发新的产品，并利用新的产品开拓新的市场。

（2）按性质划分

按性质划分，市场战略可分为进攻战略、防守战略以及撤退战略。

（3）按产品在市场上的寿命周期划分

按产品在市场上的寿命周期划分，市场战略可分为导入期产品的市场战略、成长期产品的市场战略、成熟期产品的市场战略和衰退期产品的市场战略。

3. 制定市场战略应遵循的规则

①微观与宏观相统一原则。

②扬长避短原则。

③系统原则。

④经济合理原则。

⑤选择最佳方案原则。

4. 制定企业市场战略的步骤

（1）分析企业的市场环境

①分析企业所处的环境情况，如政治、经济、文化、生活习惯等方面。这对企业在进入市场或进入国际市场时尤为重要。进入国际市场，如家电行业，企业应该先了解该国对家电产品的相关政策、关税税率、民众的消费力水平与消费习惯以及相关的特殊规定。

②对企业内部和外部环境进行分析，了解哪些因素会对企业未来的活动产生影响；认清这些影响的性质，支持性的影响是企业的优势，妨碍性的影响是企业的劣势。如何对不同性质的内部环境因素采取对策；如何对待不同性质的外部影响并采取相应对策；了解哪些外部因素会随企业的未来发展而产生影响。企业应进行竞争者情况分析，了解竞争对手的基本情况。在了解企业自身所处的环境情况下，企业才能做出正确的市场战略选择。

（2）对企业进行 SWOT 分析

企业必须寻找特定的市场营销机会，来指导营销战略的制定。在市场营销战略制定过程中，评估企业的机会和障碍会涉及对企业情况的分析，包括企业的经济状况、消费者情况和其他外部环境因素。首先，要根据企业市场营销能力来检查企业的优势和劣势，同时，对过去的企业经营成果以及市场营销的优势、劣势进行评价，了解企业的威胁和机会，同时规避威胁并在市场竞争中抓住机会。其次，要进行销售和管理的成本研究。最后，预测企业的销量。通过分析，企业才会发现所希望的竞争优势、革新技术和获得新市场的机会以及可能遇到的障碍。

（3）市场定位，确定目标市场

市场定位就是确定企业及其产品在目标市场上所处的位置。企业根据竞争者现有产品在市场上所处的位置，针对顾客对该类产品某些特征或属性的重视程度，为本企业产品塑造与众不同的、给人印象鲜明的形象，并将这种形象生动地传递给顾客，从而使该产品在市场上确定适当的位置。

目标市场是指企业进行市场细分之后，拟选定进入并为之服务的子市场。企业将整个市场划分为若干个子市场，对子市场的需求进行分析，并开发适销对路的产品，同时采取与之对应的市场营销组合。在确定目标市场的过程中会受到众多因素的影响，如消费者的消费水平、生活习惯等。由于目标市场的不同，所以企业采取的市场营销策略也不同。例如，老年人、中年人和青年消费者的消费特征存在差异，青年消费者往往倾向于时髦流行的产品。

（4）制定市场营销组合策略

企业在对市场进行细分并确定目标市场后，就需要制定营销组合策略。市场营销组合策略的制定是为了实现企业的市场战略。作为企业实现市场战略的行动方案，市场营销组合策略比较复杂又具有综合性，涉及产品、分销、促销、价格四个因素。这四个因素也称为市场营销组合因素，市场营销策略就是通过这几个方面来将市场营销战略加以执行和落实的。

一套完整的市场营销组合策略往往会关系到企业的发展，市场营销策略是基于企业战略而制定的，这要求企业对市场机会、目标市场、企业自身优劣势、竞争者情况等因素进行分析，从而制定企业的市场营销组合策略并将其作为实施企业战略的方向标，最终达到促进企业发展的目的。

5.1.2　制定市场战略应遵循的规则

①重视供求关系的变化。在制定市场战略时，一定要注意产品的供求关系的变化，其对于企业开展产品研发和广告投入具有重要的作用。

②把握市场竞争的状况，制定战略。不同的产品在不同的市场遇到的状况各不相同，有垄断市场、完全竞争市场、寡头垄断市场、垄断竞争市场，对于不同的市场应制定不同的战略。

③开展高效的市场分析，"不能盲目一盘棋一个套路"地分析。结合市场预测进行市场分析，并对市场变化的规律进行分析提炼。

5.2　企业财务战略

5.2.1　财务战略的概念

企业财务战略，是指企业在一定时期内，根据宏观经济发展状况和公司发展战略，对财务活动的发展目标、方向和道路，从总体上做出一种客观而科学的概括和描述。企业财务战略的目标是确保企业资金均衡有效流动，最终实现企业总体战略。企业财务战略具有从属性、系统性、指导性、复杂性的特征。

5.2.2　财务战略的内容

1. 融资财务战略

融资财务战略是指根据企业内外环境的现状与发展趋势，适应企业整体战略与投资战略的要求，对企业的融资目标、原则、结构、方式等重大问题进行长期的、系统化的谋划。融资目标是企业在一定的战略期间内所需要完成的任务，是融资工作的行动指南，它涵盖了融资的数量和质量，既要筹集企业正常运转所需的资金，又要保证稳定的资金来源，增强融资的灵活性，尽可能地降低资金成本与融资风险，增强企业的竞争力。融资原则是企业筹资应遵循的基本要求，包括低成本原则、稳定性原则、可得性原则、提高竞争力原则等。另外，企业还应根据战略需求不断拓宽融资渠道，对筹资进行合理搭配，采用不同的筹资方式进行最佳组合，以构筑既体现战略要求又适应外部环境变化的融资战略。

2. 投资财务战略

投资财务战略主要解决战略期间内投资的目标、原则、规模、方式等重大问题。它把资金投放与企业整体战略紧密结合，并要求企业的资金投放要很好地理解和执行企业战略。一是投资目标，其包括：收益性目标，这是企业生存的根本保证；发展性目标，实现可持续发展是企业投资战略的直接目标；公益性目标，这一目标是多数企业所不愿的，但若投资成功，也会有利于企业长远发展。二是投资原则，主要有：集中性原则，即把有限资金集中投放，这是资金投放的首要原则；准确性原则，即投资要适时适量；权变性原则，即投资要灵活，要随着环境的变化对投资战略做相应的调整，做到主动适应变化，而不可刻板投资；协同性原则，即按合理的比例将资金配置于不同的生产要素上，以获得整体上的收益。在投资战略中还要对投资规模和投资方式做出恰当的安排。

3. 股利分配财务战略

企业的收益应在其利益相关者之间进行分配，包括债权人、企业员工、国家与股东。然而，前三者对收益的分配大都比较固定，只有股东对收益的分配富有弹性，因此，股利战略也就成为收益分配战略的重点。股利战略要解决的主要问题是确定股利战略目标、是否发放股利、发放多少股利以及何时发放股利等重大问题。从战略角度考虑，股利战略目标为：促进公司长远发展；保障股东权益；稳定股价，保证公司股价在较长时期内基本稳定。公司应根据股利战略目标的要求，通过制定恰当的股利制度来确定其是否发放股利、发放多少股利以及何时发放股利等重大问题。

5.2.3 财务战略的制定

1. 财务战略的制定程序

财务战略作为企业战略中的一个子系统，其制定不仅需要考虑企业内外部的环境，还需要考虑企业整体战略的要求。

制定财务战略需要对财务战略环境进行分析，即要收集各环境的信息以及其变化规律，预测各环境的未来走势及其对资金流动所产生的影响，如影响的大小、时间长短等。

要分析企业自身的财务能力，并结合企业的整体战略、市场战略以及市场营销组合策略、战略方案等因素，制定出多个财务战略方案，并选择最佳的财务战略方案。

2. 财务战略的实施与控制

财务战略的实施与控制，即努力遵照前面所述的各战略原则，以此为指导思想，评价各分期目标实现情况，进行有效的控制。制定与实施财务战略之前，除了考虑财务战略要求以外，还要关注组织情况，即建立健全有效的战略实施的组织体系，动员全体职工参加，这是确保战略目标得以实现的组织保证；同时，明确不同战略阶段的控制标准，将一些战略原则予以具体化。例如，定量控制标准辅以定性控制标准；长期控制标准辅以短期控制标准；专业性控制标准与群众控制标准相结合等。

在进行具体的战略控制时，要遵循以下原则：一是优先原则，对财务战略中重大问题优先安排、重点解决；二是自控原则，战略实施的控制要以责任单位与人员的自我控制为主，这有利于发挥其主动性与创造性；三是灵活性原则，尽量采用经济有效的方法迅速解决实施中出现的问题；四是适时适度原则，要善于分析问题，及时反馈信息，及时发现并解决问题。实施过程中努力确保各项工作同步进行，缩小进度差别，从而利于内部协调。

通过对企业内外环境分析并结合企业整体战略的要求，财务战略提高了企业财务能力，即提高了企业财务系统对环境的适应性；财务战略注重系统性分析，这提高了企业整体协调性，从而提高了企业的协同效应；财务战略着眼于长远利益与整体绩效，有助于创造并维持企业的财务优势，进而创造并保持企业的竞争优势。

5.3　企业生产运作与物流战略

5.3.1　企业生产运作战略

1. 生产运作战略的概念

生产与运作是企业战略的重要组成部分，是企业为了实现总体战略而对生产运作系统的建立、运行以及通过生产与运作系统来实现组织整体目标而规定的行动纲领。企业战略基于企业使命，企业生产与运作战略同样基于企业使命，它在企业战略确定的企业长远发展的目标指导下，具体规定这一业务领域应该如何开展，内容涉及工厂的选址、产品的选择、工艺的确定、生产计划、库存管理、生产控制等。

2. 生产运作战略的地位

企业战略一般分为三个层次，即企业总体战略、经营层战略、职能层战略。企业总体战略是企业战略总纲，它要根据企业生产经营的环境，决定企业的使命，选择企业的经营方向，配置企业的资源，使企业各项经营业务相互支持、相互协调。经营层战略又称事业部战略，是在企业总体规划指导下的某一经营单位的战略计划，是企业总体战略在经营单位中的具体化，是局部性战略计划。职能层战略是在企业战略和经营层战略的指导下，由各个职能部门制定的具体实施战略，包括营销战略、人力资源战略、生产运作战略、财务战略、研发战略等。

由上可知，生产运作战略属于职能层战略，它在企业经营中起着承上启下的作用。承上，生产运作战略是企业总体战略、经营层战略在生产与运作领域的具体化；启下，生产运作战略指导生产运作系统的运行方向，把生产运作活动与企业总体战略、经营层战略紧密结合，以保证总体战略的顺利实施。

5.3.2 企业生产运作战略的内容

1. 生产组织战略

企业的生产需要合理的组织，企业生产组织的中心内容是生产类型的确定。由于生产的专业化程度、生产规模、生产工艺以及产品结构等方面的不同，不同的企业具有不同的生产类型。不同的生产类型有不同的特点，会产生不同的经济效果。因此，如何选择生产类型，使其适应企业战略的需要，是生产运作战略的一个重要组成部分。

2. 产品战略

产品战略主要确定企业如何根据企业的生产技术能力和企业所面临的市场需求开发出具有竞争能力的产品，包括如何开发、开发什么样的新产品和老产品是否淘汰等。产品战略是企业生产运作战略中的一项经常性工作。这里讲的产品包括无形的产品和有形的产品。

随着社会的进步，尤其是科学技术的不断发展，现在已经无法生产和销售几十年不变的产品，产品的生命周期越来越短，企业必须不断地更新产品，及时开发并生产出满足市场需要的新产品。

3. 生产能力战略

企业的生产能力是指企业在一定的时期和一定的生产技术、组织条件下能够生产的一定种类产品的最大数量。任何企业都必须确定自己的生产能力，其生产能力，既要从数量上、种类上、时间上满足企业需要，也要考虑企业的承受力。企业的生产能力，从广义上讲，其内容包括技术能力和管理能力。技术能力包括人的能力、机械设备和生产面积的能力；管理能力包括人员经验的成熟程度与运用管理理论、方法的水平。从狭义上讲，生产能力主要是指企业的技术能力。对于现代制造业来说，企业的生产更加依赖于技术装备和管理水平，而且投入越来越大。因此，企业必须正确衡量自己的生产能力。

4. 计划战略

计划的种类、计划的指标、计划的执行都需要运筹。这项工作的好坏将直接影响到企业的经济效益。

5. 质量战略

质量是企业的生命，企业必须有满足用户需要的产品质量和服务质量。因此，质量战略必须以满足顾客为中心，并将质量管理贯彻于企业的各个方面。也就是说，企业不仅要抓最终完成的产品或者劳务的质量，还要抓相关的过程，如设计、生产以及售后服务等的质量。

6. 时间战略

时间就是金钱，企业时间战略的确定应将重点放在减少完成各项活动的时间上。其理论依据是：通过缩短生产经营活动所需要的时间，能使成本下降、生产率增长、质量提高、产品创新加快及对顾客的服务得到改进。企业可以通过缩短计划时间、设计时间、加工时间、交货时间以及服务时间等，来缩短企业整个生产经营活动所需的时间。

5.3.3　生产运作战略的制定

1. 制定生产运作战略的环境分析

制定生产运作战略时，企业首先应分析面临的内外环境，这些环境主要有以下几方面。

（1）宏观环境

影响生产运作战略制定的宏观环境，包括自然环境、政治环境、法律环境、经济环境、社会文化环境和技术环境。自然环境是指自然界提供给人类的各种形式的物质资料，如阳光、空气、水、森林、土地等；政治环境是指企业市场营销活动的外部政治形势；法律环境是指国家或地方政府所颁布的各项法规、法令和条例等，它是企业营销活动的准则，企业只有依法进行各种营销活动，才能受到国家法律的有效保护；社会文化环境是指在一种社会形态下已经形成的价值观念、宗教信仰、风俗习惯、道德规范等的总和，任何企业都处于一定的社会文化环境中，企业营销活动必然受到所在社会文化环境的影响和制约；技术环境是指企业所处的社会环境中的技术要素以及其他相关要素。这些环境都会影响到生产运作战略的制定，技术环境对生产运作战略的制定影响较大，技术的发展不仅影响到产品的开发和服务，也影响到生产的组织和工艺水平。

（2）行业环境

行业环境是指由生产类似产品、满足同类用户需求的一组企业组成的企业群体。行业中同类企业的竞争能力和生产能力将直接影响到本企业的生存与发展，尤其是在开发新产品时，更应该考虑行业环境。

（3）市场环境

企业的需求状况将直接影响到企业的产品开发能力的配置。如果市场对本企业的产品需求量大，那么企业将决定增加生产能力，满足社会需要；如果市场对本企业的市场需求逐渐下降，那么企业必须及时考虑转产或者开发其他产品，实现生产能力的转移。市场环境主要包括顾客、供应商以及其他利益群体。但在现代生产系统中，往往把市场环境中的顾客和供应商纳入系统，作为系统的内部条件来处理。

（4）企业总体战略、经营层战略和其他职能层战略

要分析企业总体战略和经营层战略，研究它们对生产运作战略制定的具体要求，同时也要充分考虑其他职能层战略对生产运作战略制定的影响，应从整体效益角度进行考虑，制定审查运作战略。例如，企业的库存，从生产角度来看，为了保证生产的稳定性和连续性，防止出现原材料短缺现象，希望保持一定数量的库存，但财务部门从企业效益来看，希望尽可能地减少库存，彼此之间存在矛盾。因此，在制定生产运作战略时，不但要考虑自身目标，也要考虑企业总体目标以及相关职能部门目标。

（5）企业生产能力

企业生产能力将直接影响到企业生产运作战略目标的制定，如生产计划的制订必须以生产能力为基础。

2. 生产运作战略的制定程序

生产运作战略的制定程序如下。

①编制战略制定任务说明书。说明制定生产运作战略的目的、意义、任务、

内容、程序、注意事项等。

②进行环境分析。包括内外部环境和内部条件，评价企业的外部环境，特别是要评价在这种环境下企业所面临的机会和威胁。对于企业内部条件，主要是要分析企业的优势和劣势，以便确定符合企业环境的战略目标。

③制定战略目标。根据企业的总体战略目标、企业的战略使命以及对企业内外环境的分析，确定企业生产与运作战略的目标，如生产能力利用目标、生产率目标、质量目标、产量目标等。

④评价战略目标。对战略目标要进行较为全面的评价，评价可以根据企业的实际情况，从定量、定性两个方面进行。

⑤提出备选战略方案。根据企业生产与运作战略的目的以及企业所面临的内外环境，实事求是地制定战略方案。方案不应是唯一的，而应该是针对不同的条件，制定出多种方案，以供选择。

⑥选择战略方案。要对每个方案的成本、收益、风险以及它们对企业长期竞争优势的影响进行评估，运用定性和定量方法选出一个最满意的方案。

⑦实施战略方案。对已选的方案，要组织实施。为了更好地实施方案，应制订行动计划，分派决策责任并建立协调和控制机制。另外，应积极动员全体员工参与实施工作。这是战略方案成功实施的关键所在。

5.3.4　企业物流战略

1. 物流战略的含义

物流战略是指为寻求物流的可持续发展，就物流发展目标以及达成目标的途径与手段而制定的长远性、全局性的规划与谋略。在必要的时间配送必要量、必要商品的多频度少量运输或 Just – In – Time（JIT）运输这种高水准的物流服务将逐渐普及，并成为物流经营的一种标准。

企业物流战略是针对企业内部物流的目标、任务和方向而制定的相对具体的部门策略和措施。它是企业为实现经营目标，通过对企业的外部环境和内部资源的分析而制定的较长期的全局性的重大物流发展决策。

2. 企业物流战略的目标

（1）成本最小

成本最小是指降低可变成本，主要包括运输和仓储成本，如物流网络系统的仓库选址、运输方式的选择等。面对诸多竞争者，公司应达到何种服务水平是早已确定的事情，成本最小就是在保持服务水平不变的前提下选出成本最小的方案。当然，利润最大化一般是公司追求的主要目标。

（2）投资最少

投资最少是指对物流系统的直接硬件投资最小化从而获得最大的投资回报率。在保持服务水平不变的前提下，人们可以采用多种方法来降低企业的投资，例如，不设库存而将产品直接送交客户，选择使用公共仓库而非自建仓库，运用JIT策略来避免库存，或利用TPL服务等。显然，这些措施会导致可变成本的上升，但只要其上升值小于投资的减少值，则这些方法均可一用。

（3）服务改善

服务改善是提高竞争力的有效措施。随着市场的完善和竞争的激烈，顾客在选择公司时除了考虑价格因素外，及时准确的到货也越来越成为公司有力的筹码。当然，高的服务水平要由高成本来保证，因此，权衡综合利弊对企业来说是至关重要的。服务改善的指标值通常是用顾客需求的满足率来确定的，但最终的评价指标是企业的年收入。

总之，企业物流战略的制定作为企业总体战略的重要部分，要服从企业目标和一定的顾客服务水平，企业总体战略决定了其在市场上的竞争能力。

3. 企业物流战略的内容

物流战略包括很多方面，如物流战略目标、物流战略优势、物流战略态势、物流战略措施和物流战略步骤等。其中，物流战略目标、物流战略优势和物流战略态势是物流战略设计的基本要点。

（1）物流战略目标

物流战略目标是由整个物流系统的使命所引导的，是可在一定时期内实现的量化的目标。它为整个物流系统设置了一个可见和可以达到的未来，为物流基本要点的设计和选择指明了努力方向，是物流战略规划中的各项策略制定的基本依据。

（2）物流战略优势

物流战略优势是指某个物流系统能够在战略上形成的有利形势和地位，是其相对于其他物流系统的优势所在。物流系统战略可在很多方面形成优势：产业优势、资源优势、地理优势、技术优势、组织优势和管理优势等。随着顾客对物流系统的要求越来越高，很多企业都在争相运用先进的技术来保证其服务水平，其中能更完美地满足顾客需求的企业将会成为优势企业。例如，宝供物流就是在国内率先利用了GPS定位系统。有了GPS定位系统，顾客可以实时跟踪订单的履行情况，因此，其在物流行业中就有了技术优势，逐渐又形成了管理优势等。对于道路运输企业来说，研究物流战略优势，关键是要在物流系统成功的关键因素上形成差异优势或相对优势。这是取得物流战略优势的经济有效的方式，可以取得事半功倍的效果，当然，也要注意发掘潜在优势，关注未来优势的建立。

（3）物流战略态势

物流战略态势是指物流系统的服务能力、营销能力、市场规模在当前市场上的有效方位及战略逻辑过程的不断演变过程和推进趋势。研究公司的物流战略态势，就应该对整个物流行业和竞争对手的策略有敏锐的观察力和洞察力，不断对自身进行定位，从而做到知己知彼，以期在行业中获得半壁江山。

4. 企业物流战略的制定

（1）制定企业物流战略应遵循的原则

①考虑总成本。物流管理与其他部门会出现效益相互抵消的问题，在物流管理内部也存在这样的问题。降低库存成本必然要求较高的运输费用，而降低运输费用则必然会增加库存成本。同样，客户服务的改善也往往意味着运输、订单处理和库存费用的上升。在遇到这些问题时，就需要考虑总成本，即需要平衡各项活动，使整体达到最优。

②个性化和多样化。不要对所有的产品提供同样水平的客户服务，这是进行规划的一条基本原则。根据不同的客户服务要求、不同的销售水平、不同的产品特征，把各种产品分成不同的等级，进而确定不同的库存水平，选择不同的运输方式和线路等。

③延迟战略。延迟战略的思想主要是在生产过程中尽可能地把能够使产品具有特性的工序往后推，最好能推到接到订单之后。这样，可以解决大规模生产与多样化需求之间的矛盾，降低物流成本。延迟战略经常与标准化战略共同实施。

除此之外，还有合并战略，即将小批量运输合为大批量运输，从而降低运输成本；混合战略，提倡混合库存；针对不同的产品分别确立最优战略，等等。

（2）影响物流战略制定的一些问题

在物流战略规划过程中一个重要的问题，就是什么时候应该对物流网络进行规划或什么时候应该重新规划。如果当前还没有物流系统，则需要进行物流网络规划。但是，在大多数情况下，物流系统已经存在，需要决定的是修改现有网络还是继续运行旧的网络。在进行实际规划之前，对此无法给出明确的答案，但可以提出网络评估和审核的一般准则。这些准则包括五个核心方面：需求、客户服务、产品特征、物流成本和定价策略。

①需求。需求的水平和地理分布是决定网络设计的主要因素。企业需要定期考察各地区的销售情况，确定增长最快和下降最快的地区，掌握需求变化的方向和趋势，在当前设施的基础上进行扩建或压缩。例如，在需求增长较快的地区建造新的仓库或工厂，而在市场增长缓慢或萎缩的地区，则可能要关闭某些设施。

②客户服务。客户服务包含的内容很广，包括现货率、送货速度、订单履行速度和准确性。随着客户服务水平的提高，与这些因素相关的成本会以更快的速度增长。如果客户服务水平已经很高，分拨成本受客户服务水平的影响很大，则

表明之前制定战略的基础已经发生了变化，此时，企业通常就要重新制定物流战略。如果服务水平本身就很低，变化的幅度也很小，则不一定要重新制定、规划物流战略。

③产品特征。物流成本受某些产品特征的影响很大，如产品的重量、数量、价值等因素将直接影响运输成本和仓储成本。由于产品特征的变化可以极大地改变物流因素组合中的某项成本，改变组合的结构和最佳的平衡点，所以当产品特征发生重大改变时，重新规划物流系统就可能是有益的。

④物流成本。物流成本占总成本的比重也将决定是否应该重新规划物流战略。对于一些生产高价值产品的企业来讲，物流成本占总成本的比重很小，物流战略是否优化对企业竞争力的影响不是很大。但是，对于一些生产日常消费品和轻工产品的企业来说，物流成本的比重是很高的，物流战略是其关注的重点，物流系统的少许改进也会引起物流成本的大幅下降。

⑤定价策略。商品采购或销售的定价策略发生改变也会影响物流战略，这主要是因为定价策略决定了买卖双方各自承担的物流活动的划分。如果供应商将出厂价格改为送货价格，则意味着供应商需要考虑物流战略的问题。

5. 制定企业物流战略的步骤

企业物流战略的制定就是企业在内外环境分析的基础上，按照一定的程序和办法，规定战略目标、划分战略阶段、明确战略重点、制定战略对策，从而提出指导企业物流长远发展的全局性总体谋划。物流战略的制定是一项十分重要而又复杂的系统工程，需依照一定的程序和步骤进行。一般来说，需要经过以下几个相互衔接的环节。

①树立正确的战略思想。战略思想是整个战略的灵魂，它贯穿于物流战略管理的全过程，对战略目标、战略重点和战略对策起到统率的作用。战略思想来自对战略理论的把握、战略环境的分析及企业领导层的战略风格。一个企业的战略思想主要包括竞争观念、市场营销观念、服务观念、创新观念和效益观念等。

②进行战略环境分析。这是制定战略的基础和前提。如果对组织内外环境没有全面而准确的认识，就无法制定出切合实际的战略规划。

③确定物流战略目标。物流战略目标为企业物流活动的运行指明了方向，为企业物流评估提供了标准，为其资源配置提供了依据。利用物流战略目标可以对企业全部物流服务活动进行有效管理。

④划分战略阶段，明确战略重点。战略阶段的划分实际上是对战略目标和战略周期的分割。这种分割可以明确各战略阶段的起止时间及在这段时间内所要达到的具体目标。战略重点是指对战略目标的实现有决定意义和重大影响的关键部位、环节和部门。抓住关键部位，突破薄弱环节，便于带动全局、实现战略目标。

⑤制定战略对策。战略对策是指为实现战略指导思想和战略目标而采取的重要措施和手段。根据组织内外环境情况及变动趋势，拟定多种战略对策及应变措施，以保证战略目标的实现。

⑥战略评价与选择。战略评价是战略制定的最后环节。如果评价后战略方案被否定，则要按照上述程序重新拟定；如果评价后战略方案获得肯定，则结束战略制定进入战略的具体实施阶段。

任务 6

企业经营业绩评价

学习准备

　　企业经营的最终成果是业绩，业绩反映出企业经营的状况。因此，进行企业经营业绩评价变得尤为重要，本任务将学习企业的业绩评价，促进企业更好地经营发展。

学习目标

　　1. 掌握杜邦分析法；
　　2. 了解经济增长；
　　3. 学会使用平衡计分卡；
　　4. 熟知新产品的开发过程；
　　5. 掌握绩效评价。

学习要求

　　企业经营业绩评价就是为了实现企业的生产目的，运用特定的指标和标准，采用科学的方法，对企业生产经营活动过程做出一种价值判断。业绩评价是为企业经营管理服务的，对企业的经营起着导向性的作用，直接关系到企业核心竞争力的形成和保持，影响企业的生存和发展。

6.1　杜邦分析法

6.1.1　杜邦分析法的内容及特点

　　杜邦分析法（DuPont Analysis）是指利用几种主要的财务比率之间的关系来综合地分析企业的财务状况。具体来说，杜邦分析法是一种用来评价公司营利能力和股东权益回报水平，从财务角度评价企业绩效的一种经典方法。杜邦分析法的基本思想是将企业净资产收益率逐级分解为多项财务比率乘积,这样有助于深入分析比较企业经营业绩。由于这种分析方法最早由美国杜邦公司使用,故称杜邦分析法。

1. 特点

杜邦模型最显著的特点是将若干个用于评价企业经营效率和财务状况的比率按其内在联系有机结合起来,形成一个完整的指标体系,并最终通过权益收益率综合反映。

2. 具体应用

采用杜邦分析法,可使财务比率分析的层次更清晰、条理更突出,为报表分析者全面仔细了解企业的经营与盈利状况提供方便。

杜邦分析法有助于企业管理层更加清晰地看到权益基本收益率的决定因素,以及销售净利润与总资产周转率、债务比率之间的相互关联关系,为管理层提供了一张明晰的考察公司资产管理效率和是否最大化股东投资回报的路线图。

3. 杜邦分析图

杜邦分析图如图 6 - 1 所示。

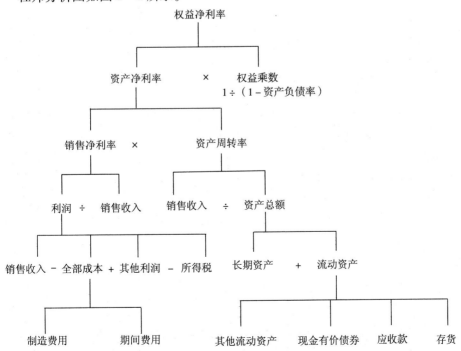

图 6 - 1　杜邦分析图

6.1.2 杜邦分析法的基本思路

权益净利率，也称权益报酬率，是一个综合性较强的财务分析指标，是杜邦分析系统的核心。

资产净利率是影响权益净利率最重要的指标，具有很强的综合性，而资产净利率又取决于销售净利率和总资产周转率的高低。总资产周转率反映总资产的周转速度。对资产周转率的分析，需要对影响资产周转的各因素进行分析，以判断影响公司资产周转的主要问题在哪里。销售净利率反映销售收入的收益水平。扩大销售收入，降低成本费用是提高企业销售利润率的根本途径，而扩大销售同时也是提高资产周转率的必要条件和途径。

权益乘数表示企业的负债程度，反映了公司利用财务杠杆进行经营活动的程度。资产负债率高，权益乘数就大，这说明公司负债程度高，公司会有较多的杠杆利益，但风险也高；反之，资产负债率低，权益乘数就小，这说明公司负债程度低，公司会有较少的杠杆利益，但相应所承担的风险也低。

6.1.3 杜邦分析法的运用

1. 杜邦分析法在公司的运用

在国外，很多公司已经采用经济增加值（EVA）或现金回报率（CFROE）作为公司业绩的衡量指标，有些外国公司也在广泛采用平衡计分卡或类似于计分卡的业绩考核方法来考核公司业绩。对于中国的中小企业，如何进行业绩考核也是许多企业主关注的问题。作者在长期咨询过程中发现很多公司（特别是私营公司和中小企业）还不习惯用净资产回报率体现股东价值回报，公司主要关注的是利润水平、销售收入、毛利水平等指标。

实际上，合理运用净资产回报率（ROE）进行企业管理，对很多公司来说是一种非常便捷的手段，也能够帮助公司的管理人员很好地发现公司运营过程中存在的问题，并寻求改进方法。在企业咨询实践过程中，就有意识地使用这种方法来帮助私营企业进行财务管理，并取得了良好的效果。

2. 杜邦分析法的结构

在企业财务管理中，一般采用层层分解的方法判断企业管理的问题所在。在该分解过程中，不管企业的规模有多大或者业务有多繁杂，都可以依据该方法去伪存真，排除眼前的各种疑惑目标达到目的。实际上，这种方法在管理会计或是其他的财务管理方法中已经讲解得非常详尽，但财务人员在实际工作中能够很好使用的寥寥无几。

杜邦分析法的大概结构如下：

$$净资产回报率 = 资产回报率 \times 财务杠杆$$
$$资产回报率 = 销售利润率 \times 资产周转率$$
$$财务杠杆 = 总资产/所有者权益$$

从该杜邦分析法的模型可以明确对于一个公司的业绩反映将通过销售回报、资产回报和财务杠杆调节体现出现。这个模型能够给出很好的启示，在公司管理过程中，可以依据这种层层分解的方法对各个部分进行分析，并能够提供解决问题的思路。具体的使用领域为：

①定期或不定期的财务分析，价值树的分析方法，可以将影响净资产回报率各个关键因素的逻辑关系体现在净资产回报率这个综合性的指标中；财务分析人员可以依据该价值树对公司财务进行层层分析，并且这种分析逻辑性较强，也比较全面。

②结合预算管理的方法，可以很好地体现实际情况和预算情况的差异对整个净资产回报率的影响。

③在确认关键业绩指标，特别是运用财务指标反映公司业绩时，能够很好地帮助确认关键业绩指标和关键成功因素对于综合指标的影响，在运用平衡计分卡等管理技术进行业绩管理中体现得比较明显。

6.1.4　杜邦分析法的局限性

从企业绩效评价的角度来看，杜邦分析法只包括财务方面的信息，不能全面反映企业的实力，有很大的局限性，在实际运用中需要加以注意，必须结合企业的其他信息加以分析。杜邦分析法的局限性主要表现在以下几方面：

①对短期财务结果过分重视，有可能助长公司管理层的短期行为，忽略企业长期的价值创造。

②财务指标反映的是企业过去的经营业绩，衡量工业时代的企业能够满足要求。但在信息时代，顾客、供应商、雇员、技术创新等因素对企业经营业绩的影响越来越大，而杜邦分析法在这些方面是无能为力的。

③在市场环境中，企业的无形知识资产对提高企业长期竞争力至关重要，杜邦分析法却不能解决无形资产的估值问题。

6.2 经 济 增 长

6.2.1 经济增长的概念

经济增长通常是指在一个较长的时间跨度上，一个国家人均产出（或人均收入）水平的持续增加。经济增长率的高低体现了一个国家或地区在一定时期内经济总量的增长速度，也是衡量一个国家或地区总体经济实力增长速度的标志。决定经济增长的直接因素包括投资量、劳动量、生产率水平。用现价计算的 GDP，可以反映一个国家的经济发展规模，用不变价计算的 GDP 可以用来计算经济增长的速度。

狭义的经济增长是指 GDP 增长。GDP 增长属于宏观经济范畴。

6.2.2 经济增长释义

1. 经济增长的含义

经济增长是经济学家和记者常用的表达方式。经济增长是一个国家当年 GDP 对比往年的增长率。经济增长的含义是指在一定时间内，一个经济体系生产内部成员生活所需要商品与劳务潜在生产力的扩大（亦即生产可能曲线向外扩张）。生产力的成长主要决定于一个国家自然资源禀赋、实质资本数量累积与质量提升、人力资本累积、技术水准提升以及制度环境改善。因此，经济增长也决定生产力等诸多因素的扩展与改善。

有学者认为它可以增加一个国家的财富并且增加就业机会。经济正增长一般被认为是整体经济景气的表现。例如，一个国家的 GDP 增长为负数，即当年 GDP 比往年减少被称为经济衰退。在通常情况下，只有当 GDP 连续两个季度持续减少，才被称为经济衰退。

2. 经济增长的度量

度量经济增长速度快慢的指标是经济增长率。度量经济增长除了测算增长总量和总量增长率之外，还应计算人均占有量，如按人口平均的 GDP 或 GNP 及其增长率。拉动国民经济增长有三大要素，分别是投资、出口和消费。

经济增长的核算通常依据 GDP、GNP 等统计数据。其基本方法一般以本年度的 GDP 总量对比往年的 GDP 总量，而得出经济增长的百分比。

3. 零增长和负增长

零增长，有时表示为 GDP 与往年持平。而负增长则表示本年度的 GDP 低于往年，往往会被形容为"不景气"或经济衰退。零增长有时也被认为是负增长，因为考虑到通货膨胀以及物价上涨的原因，同样数量的货币的购买力会低于往年。

6.2.3　经济增长来源

1. 国家的比较优势

比较优势是一个古老且经常被人们忽视的概念。比较优势产生于一个国家的要素禀赋。任何国家、任何地区，甚至是任何个人都具有独特的比较优势。它的广泛存在使社会分工成为可能。利用比较优势最好的办法是依靠市场。只有市场才可能担当起对无数物品进行定价的职能，而价格是国家、地区和个人确定各自比较优势必不可少的参数。国家对市场的干预，如果扭曲了价格信号，那么就会妨碍经济主体对自身比较优势的认识，从而使社会资源得不到有效的利用。

2. 公共品的提供

对比较优势的利用离不开一个社会对公共品的积累。公共品是具有外部性的产品，即它所产生的社会收益超过了个人所愿意负担的成本。在这种情况下，政府的介入就非常必要。有效的公共品的提供需要完善的市场机制和领导机制。这要求存在一种合理的机制来规范和监督当权者的领导行为。公共品得以有效提供的基础是全社会的通力合作、经济的稳定和持续增长，以及充分就业和资源的正常流动。

6.2.4　经济增长政策

增长政策也称作"积极财政政策"。国家可以采取扩张性的利息、税收、财政和汇率政策来促进经济增长，但是每一种政策的作用都有其局限性。这些政策在 20 世纪上半期资本主义发展中起到了很大的作用，提出这一理论的凯恩斯也被称为"资本主义的救星"，但是其作用越来越受到质疑。

1. 调整利率政策

降低中央银行利率从而降低商业银行的存贷款利率。这一政策将鼓励公司贷款，这一部分贷款必将转化为投资或资金流周转，即消费。这一政策还可以降低通货紧缩的危险。经济学家非常害怕通货紧缩，它将会带来经济衰退，并且当利率增加到一定程度以后将导致市面上流动性不足的情况。当通货紧缩到来时，人们趋向于减少消费，通货紧缩的特征是价格降低。因此，控制当前消费就有可能节省开支，但是降低利息又会增加通货膨胀或流动性过剩的危险。

2. 税收政策

降低个人或公司税率。这种措施和降息一样会促进公司投资与个人消费。个人消费的增加反过来通过创造需求促进公司的发展。但是，这样做的危险是增加财政赤字。而增加财政赤字不是必然的，税率降低了，则经济增长了，征税的基数扩大了。关于它们之间的关系详见税收。

3. 财政政策

增加国家财政开支。这一措施将会同时创造就业机会、需求，有时会吸引投资。政府开支本身就是投资工程项目，这些项目创造了就业和对其他行业的需求，这些从业者又产生了新的需求，以此类推，理论上可以创造数倍于政府投资本身的经济增长。这一政策相对于利息政策来说还具有如下优势：加息时人们会把多余的钱用于存款而不用于消费或者投资；而在增加财政开支时，人们确信增加的收入会大部分转变成消费以满足从业者的基本需求。另外，人们处于个人角度应付经济危机也必须有足够的存款，具体数额根据国家具体的经济局势和社会保障情况各不相同。这一政策的缺点是增加财政赤字，并且由于公共投资的目的必须明确，其效率经常受到质疑。

4. 汇率政策

降低本国货币的汇率（低汇率政策，对低汇率政策的支持和反对意见，中央银行如何调节本国货币的汇率）。这个政策将会增加出口，因为本国商品在国际市场上的价格变得更加便宜。出口的增加将会使生产商增加投资和创造就业机会，从而也增加消费。其缺陷在于，本国在国际上的价格最终是由生产商决定的，如果生产商同时提价，那么不能起到相应的作用，并且进口商品的价格会相应变得很高。长期实施低汇率政策会导致通货膨胀。

6.2.5 经济增长方式

1. 概念

经济增长方式是指一个国家（或地区）经济增长的实现模式。它可分为两种形式，即粗放型和集约型。根据总量生产函数分析和资本产出弹性与劳动产出弹性的计算，可将一个时期的经济增长率进行分解，即生产要素投入量增加导致的经济增长和要素生产率提高导致经济增长的部分。如果要素投入量增加引起的经济增长比重大，则为粗放型增长方式；如果要素生产率提高引起的经济增长比重大，则为集约型增长方式。但经济增长方式的区分只是相对的，不是绝对的，二者有时还是互相交叉的。

经济增长方式的选择应坚持三条原则：第一，是否有利于持续、协调的经济增长；第二，是否有利于投入产出效益的提高；第三，是否有利于满足社会需要，即有利于经济结构优化、社会福利改善和使环境得到保护等。

2. 分类

按照马克思的观点，经济增长方式可归结为扩大再生产的两种类型，即外延扩大再生产和内涵扩大再生产。外延扩大再生产主要通过增加生产要素的投入，来实现生产规模的扩大和经济的增长。而内涵扩大再生产主要通过技术进步和科学管理来提高生产要素的质量与使用效益，从而实现生产规模的扩大和生产水平的提高。

现代经济学从不同的角度将经济增长的方式分成两类，即粗放型经济和集约型经济。粗放型经济增长方式是指依靠增加资金、资源的投入来增加产品的数量，推动经济增长的方式。集约型经济增长方式则是依靠科技进步和提高劳动者的素质来增加产品的数量和提高产品的质量，推动经济增长的方式。

（1）粗放型经济

目前，粗放型经济的形式主要有两种：一是迁移农业；二是游牧业。迁移农业主要分布于森林一类的地方。例如，在亚马孙热带雨林，土著人就采用这种经济形式；游牧业主要分布在草场草地一类的地方，如我国西藏部分地区。粗放型经济的基本特征是依靠增加生产要素量的投入来扩大生产规模，实现经济增长。以这种方式实现经济增长，消耗较高，成本较高，产品质量难以提高，经济效益较低。

（2）集约型经济

集约型经济的基本特征是依靠提高生产要素的质量和利用效率，实现经济增长。以这种方式实现经济增长，消耗较低，成本较低，产品质量能不断提高，经济效益较高。

3. 方式转变

经济增长方式转变，是指经济增长方式从以粗放型增长方式为主转向以集约型增长方式为主。这种转变是渐进的，需要有一个过程，是全局性的，不排斥某些地区、城市、企业在某些条件下实行粗放型增长。各地区和城市受其所处环境、市场条件、技术发展水平及就业状况等因素的制约，经济增长方式可能存在很大差异，增长方式的转变也不会步调一致。

6.3　平衡计分卡

6.3.1　平衡计分卡的概念

科莱斯平衡计分卡（Careersmart Balanced Score Card），源自哈佛大学教授 Robert Kaplan 与诺朗顿研究院（Nolan Norton Institute）的执行长 David Norton 于 1990 年所从事的"未来组织绩效衡量方法"这种绩效评价体系，当时该计划的目的在于找出超越传统的以财务量度为主的绩效评价模式，以使组织的"策略"能够转变为"行动"。经过多年的发展，平衡计分卡已经发展为集团战略管理的工具，在集团战略规划与执行管理方面发挥非常重要的作用。因此，平衡计分卡主要是通过图、卡、表来实现战略的规划。

6.3.2　平衡计分卡体系战略

平衡计分卡是从财务、客户、内部运营、学习与成长四个角度，将组织的战略落实为可操作的衡量指标和目标值的一种新型绩效管理体系。设计平衡计分卡的目的是要建立"实现战略制导"的绩效管理系统，从而保证企业战略得到有效的执行。因此，人们通常称平衡计分卡是加强企业战略执行力的最有效的战略管理工具。

1. 平衡计分卡创建绩效

平衡计分卡能有效解决制定战略和实施战略脱节的问题，堵住了"执行漏斗"。平衡计分卡系统包括战略地图、平衡计分卡以及个人计分卡、指标卡、行动方案、绩效考核量表。在直观的图表及职能卡片的展示下，抽象而概括性的部门职责、工作任务与承接关系等，显得层次分明、量化清晰、简单明了。

2. 平衡计分卡指标

Robert Kaplan 与 David Norton 的《平衡计分卡：驱动绩效的量度》发表在 1992 年《哈佛商业评论》。通常，平衡计分卡强调，传统的财务会计模式只能衡量过去发生的事项（落后的结果因素），但无法评估企业前瞻性的投资（领先的驱动因素），因此，必须改用一个将组织的愿景转变为一组由四项观点组成的绩效指标架构来评价组织的绩效。此四项指标分别为财务（Financial）、客户

（Customer）、内部运营（Internal Business Processes）、学习与成长（Learning and Growth）。

通过上述四项指标的衡量，组织得以采取明确和严谨的手法来诠释其策略。它不仅保留了传统上衡量过去绩效的财务指标，还兼顾了促成财务目标的绩效因素的衡量；在支持组织追求业绩之余，也监督组织的行为应兼顾学习与成长的面向，并且透过一连串的互动因果关系，组织得以把产出（Outcome）和绩效驱动因素（Performance Driver）串联起来，以衡量指标与其量度作为语言，把组织的使命和策略转变为一套前后连贯的系统绩效评核量度，把复杂而笼统的概念转化为精确的目标，借以寻求财务与非财务的衡量之间、短期与长期的目标之间、落后的与领先的指标之间，以及外部与内部绩效之间的平衡。

6.3.3　平衡计分卡基本理论

实际上，平衡计分卡方法打破了传统上只注重财务指标的业绩管理方法。平衡计分卡认为，传统的财务会计模式只能衡量过去发生的事情（落后的结果因素），无法评估组织前瞻性的投资（领先的驱动因素）。在工业时代，注重财务指标的管理方法还是有效的。但是在信息社会中，传统的业绩管理方法并不全面，组织必须通过客户、供应商、员工、组织流程、技术和革新等方面的投资，获得持续发展的动力。正是基于这样的认识，平衡计分卡方法强调，组织应从四个角度审视自身业绩，即财务、客户、内部运营、学习与成长。

其中，平衡计分卡包括以下五项平衡：

①财务指标和非财务指标的平衡。企业考核的一般是财务指标，而对非财务指标（客户、内部运营、学习与成长）的考核很少，即使有对非财务指标的考核，也只是定性的说明，缺乏量化的考核，缺乏系统性和全面性。

②企业长期目标和短期目标的平衡。平衡计分卡是一套战略执行的管理系统，如果以系统的观点来看待平衡计分卡的实施过程，则战略是输入，财务是输出。

③结果性指标和动因性指标之间的平衡。平衡计分卡以有效完成战略为动因，以可衡量的指标为目标管理的结果，寻求结果性指标与动因性指标之间的平衡。

④企业组织内部群体和外部群体的平衡。在平衡计分卡中，股东与客户为外部群体，员工和内部业务流程是内部群体。平衡计分卡可以发挥在有效执行战略的过程中平衡这些群体间利益的重要性。

⑤领先指标和滞后指标之间的平衡。财务、客户、内部运营、学习与成长四个方面包含了领先指标和滞后指标。财务指标是一个滞后指标，它只能反映公司上一年度发生的情况，不能反映企业如何改善业绩和可持续发展。而对于后三项领先指标的关注，使企业达到了领先指标和滞后指标之间的平衡。

6.3.4　平衡计分卡主要内容

平衡计分卡中的目标和评估指标来源于组织战略。它把组织的使命和战略转化为有形的目标和衡量指标。客户方面，管理者确认了组织将要参与竞争的客户和市场部分，并将目标转换成一组指标，如市场份额、客户留住率、客户获得率、顾客满意度、顾客获利水平等。内部运营方面，为吸引和留住目标市场上的客户，满足股东对财务回报的要求，管理者需要关注对客户满意度和实现组织财务目标影响最大的那些内部过程，并为此设立衡量指标。在这一方面，重视的不是单纯的现有经营过程的改善，而是以确认客户和股东的要求为起点、满足客户和股东要求为终点的全新的内部经营过程。学习与成长方面，确认了组织为实现长期的业绩而必须进行的对未来的投资，包括对雇员的能力、组织的信息系统等方面的衡量。组织在上述各方面的成功必须转化为财务上的最终成功。产品质量、完成订单时间、生产率、新产品开发和客户满意度方面的改进只有转化为销售额的增加、经营费用的减少和资产周转率的提高，才能为组织带来利益。因此，财务方面列示了组织的财务目标，并衡量战略的实施和执行是否为最终的经营成果的改善做出贡献。目标和衡量指标是相互联系的，这种联系不仅包括因果关系，还包括结果的衡量和引起结果的过程的衡量相结合，最终反映组织战略。

6.3.5　平衡计分卡设计方面

1. 核心内容

平衡计分卡的设计包括四个方面，即财务角度、客户角度、内部经营流程、学习与成长。这四个方面分别代表企业三个主要的利益相关者，即股东、客户、员工。每个角度的重要性取决于角度的本身和指标的选择是否与公司战略相一致。其中，每一个层面都有其核心内容。

（1）财务层面

财务业绩指标可以显示企业的战略及其实施和执行是否对改善企业盈利做出贡献。财务目标通常与获利能力有关，其衡量指标有营业收入、资本报酬率、经济增加值等，也可能是销售额的迅速提高或创造现金流量。

（2）客户层面

在平衡计分卡的客户层面，管理者确立了其业务单位将竞争的客户和市场，以及业务单位在这些目标客户和市场中的衡量指标。客户层面指标通常包括客户满意度、客户保持率、客户获得率、客户盈利率，以及在目标市场中所占的份额。客户层面使业务单位的管理者能够阐明客户和市场战略，从而创造出出色的财务回报。

（3）内部经营流程层面

在内部经营流程层面上，管理者要确认组织擅长的关键的内部流程，这些流程帮助业务单位提供价值主张，以吸引和留住目标细分市场的客户，并满足股东对卓越财务回报的期望。

（4）学习与成长层面

学习与成长层面确立了企业要创造长期的成长和改善就必须建立的基础框架，确立了未来成功的关键因素。平衡计分卡的前三个层面一般会揭示企业的实际能力与实现突破性业绩所必需的能力之间的差距，为了弥补这个差距，企业必须投资于员工技术的再造、组织程序和日常工作的理顺，这些都是平衡计分卡学习与成长层面追求的目标。例如，员工满意度、员工保持率、员工培训和技能等，以及这些指标的驱动因素。

平衡计分卡，不仅仅是重要指标或重要成功因素的集合。一份结构严谨的平衡计分卡应当包含一系列相互联系的目标和指标，这些指标不但前后一致，而且互相强化。例如，投资回报率是平衡计分卡的财务指标，这一指标的驱动因素可能是客户的重复采购和销售量的增加，而这二者是客户的满意度带来的结果。因此，客户满意度被纳入计分卡的客户层面。对客户偏好的分析显示，客户比较重视按时交货率这个指标，因此，按时交付程度的提高会带来更高的客户满意度，进而引起财务业绩的提高。于是，客户满意度和按时交货率都被纳入平衡计分卡的客户层面。而较佳的按时交货率又通过缩短经营周期并提高内部过程质量来实现，因此，这两个因素就成为平衡计分卡的内部经营流程指标。另外，企业要改善内部流程质量并缩短周期的实现又需要培训员工并提高他们的技术，员工技术成为学习与成长层面的目标。这就是一个完整的因果关系链，贯穿平衡计分卡的四个层面。

平衡计分卡通过因果关系提供了把战略转化为可操作内容的一个框架。根据因果关系，对企业的战略目标进行划分，可以分解为实现企业战略目标的几个子目标。这些子目标是各个部门的目标，同样各中级目标或评价指标可以根据因果关系继续细分，直至最终形成可以指导个人行动的绩效指标和目标。

2. 四个层面的关系

平衡计分卡是一种革命性的评估和管理体系，平衡计分卡的四个层面为财务层面、客户层面、内部经营流程层面、学习与成长层面。

（1）财务层面

财务性指标是企业常用于绩效评估的传统指标。财务性绩效指标可显示出企业的战略及其实施和执行是否正在为最终经营结果（如利润）的改善做出贡献。但是，不是所有的长期策略都能很快产生短期的财务盈利。非财务性绩效指标

（如质量、生产时间、生产率和新产品等）的改善和提高是实现目的的手段，而不是目的的本身。财务层面指标衡量的主要内容包括收入的增长、收入的结构、降低成本、提高生产率、资产的利用和投资战略等。

（2）客户层面

平衡计分卡要求企业将使命和策略诠释为具体的与客户相关的目标及要点。企业应以目标顾客和目标市场为导向，应当专注于是否满足核心顾客需求，而不是企图满足所有客户的偏好。客户最关心的五个方面是时间、质量、性能、服务和成本。企业必须为这五个方面制定清晰的目标，然后将这些目标细化为具体的指标。客户层面指标衡量的主要内容包括市场份额、老客户挽留率、新客户获得率、顾客满意度、从客户处获得的利润率。

（3）内部经营流程层面

建立平衡计分卡的顺序，通常是在先制定财务和客户方面的目标与指标后，再制定企业内部流程面的目标与指标。这个顺序使企业能够抓住重点、专心衡量那些与股东和客户目标息息相关的流程。内部经营流程绩效考核应以对客户满意度和实现财务目标影响最大的业务流程为核心。内部经营流程指标，既包括短期的现有业务的改善，也涉及长远的产品和服务的革新。内部经营流程层面指标涉及企业的改良/创新过程、经营过程和售后服务过程。

（4）学习与成长层面

学习与成长的目标为其他三个层面的宏大目标提供了基础架构，是驱使上述计分卡三个层面获得卓越成果的动力。面对激烈的全球竞争，企业今天的技术和能力已无法确保其能实现未来的业务目标。削减对企业学习和成长能力的投资虽然能在短期内增加财务收入，但由此造成的不利影响将在未来给企业带来沉重打击。学习和成长层面指标涉及员工的能力、信息系统的能力以及激励、授权与相互配合。

更进一步而言，平衡计分卡的发展过程中特别强调描述策略背后的因果关系，借客户层面、内部经营流程层面、学习与成长层面评估指标的完成而达到最终的财务目标。

6.3.6　平衡计分卡的特点

平衡计分卡反映了财务与非财务衡量方法之间的平衡、长期目标与短期目标之间的平衡、外部和内部之间的平衡、结果和过程之间的平衡、管理业绩和经营业绩之间的平衡等多个方面。因此，能反映组织综合经营状况，使业绩评价趋于平衡和完善，有利于组织长期发展。

平衡计分卡方法突破了财务作为唯一指标的衡量工具，做到了多个方面的平衡。平衡计分卡与传统评价体系比较，具有以下特点：

①平衡计分卡为企业战略管理提供强有力的支持。随着全球经济一体化进程的不断发展，市场竞争的不断加剧，战略管理对企业持续发展而言更为重要。平衡计分卡的评价内容与相关指标和企业战略目标紧密相连，企业战略的实施可以通过对平衡计分卡的全面管理来完成。

②平衡计分卡可以提高企业整体管理效率。平衡计分卡所涉及的四项内容，都是企业未来发展成功的关键要素，通过平衡计分卡所提供的管理报告，将看似不相关的要素有机地结合在一起，可以大大节约企业管理者的时间，提高企业管理的整体效率，为企业未来成功发展奠定坚实的基础。

③注重团队合作，防止企业管理机能失调。团队精神是一个企业文化的集中表现，平衡计分卡通过对企业各要素的组合，让管理者能同时考虑企业各职能部门在企业整体中的不同作用与功能，使他们认识到某一领域的工作改进可能是以其他领域的退步为代价换来的，促使企业管理部门考虑决策时从企业出发，慎重选择可行性方案。

④平衡计分卡可提高企业激励作用，扩大员工的参与意识。传统的业绩评价体系强调管理者希望（或要求）下属采取什么行动，然后通过评价证实下属是否采取了行动以及行动的结果如何，整个控制系统强调的是对行为结果的控制与考核。而平衡计分卡则强调目标管理，鼓励下属创造性地（而非被动）完成目标，这一管理系统强调的是激励动力。因为在具体管理问题上，企业高层管理者并不一定会比中下层管理人员更了解情况、所做出的决策也不一定比下属更明智，所以由企业高层管理人员规定下属的行为方式是不恰当的。另外，企业业绩评价体系大多是由财务专业人士设计并监督实施的，但是，由于专业领域的差别，财务专业人士并不清楚企业经营管理、技术创新等方面的关键性问题，因此无法对企业整体经营的业绩进行科学合理的计量与评价。

⑤平衡计分卡可以使企业信息负担降到最少。在信息时代，企业很少会因为信息过少而苦恼，随着全员管理的引进，当企业员工或顾问向企业提出建议时，新的信息指标总是不断增加。这会导致企业高层决策者处理信息的负担大大加重。而平衡计分卡可以使企业管理者仅仅关注少数而又非常关键的相关指标，在保证满足企业管理需要的同时，尽量减少信息负担成本。

6.3.7 平衡计分卡实施障碍

1. 沟通与共识上的障碍

根据 Renaissance 与 CFO Magazine 的合作调查，企业中少于 1/10 的员工了解企业的战略及战略与其自身工作的关系。尽管高层管理者清楚地认识到达成战略共识的重要性，但却少有企业将战略有效地转化成被基本员工能够理解且必须理解的内涵，并使其成为员工的最高指导原则。

2. 组织与管理系统方面的障碍

据调查，企业的管理层在例行的管理会议上花费近 85% 的时间，以处理业务运作的改善问题，却以少于 15% 的时间关注战略及其执行问题。过于关注各部门的职能，却没能使组织的运作、业务流程及资源的分配围绕战略进行。

3. 信息交流方面的障碍

平衡计分法的编制和实施涉及大量绩效指标的获取和分析，它是一个复杂的过程，因此，企业对信息的管理及信息基础设施的建设不完善，将会成为企业实施平衡计分法的障碍。这方面在中国企业中的表现尤为突出。中国企业的管理层已经意识到信息的重要性，并对此给予了充分的重视，但在实施的过程中，信息基础设施的建设受到部门的制约，部门间的信息难以共享，只是在信息的海洋中建起了一座座的岛屿。这不仅影响业务流程，也是实施平衡计分法的障碍。

4. 对绩效考核认识方面的障碍

如果企业的管理层没有认识到现行的绩效考核的观念、方式有不妥当之处，平衡计分法就很难被接纳。长期以来，企业的管理层已习惯于仅从财务的角度测评企业的绩效，并没有思考这样的测评方式是否与企业的发展战略联系在一起以及是否能有效地测评企业的战略实施情况。例如，USM&U 常务副总裁对公司 1995 年第 1 季度的评价如下：这个季度的情况还不错，尽管财务结果并不尽如人意……但在关键顾客细分市场上的份额上升了，精炼厂运营开支下降了，而且员工满意度调查的结果也很好。在能够控制的所有领域中正向着正确的方向前进。平衡计分法的实施，既要得到高层管理层的支持，也要得到各自然业务单元管理层的认同。

6.3.8 平衡计分卡考核方法

平衡计分卡是企业经营业绩评价方面最新、内容最全面的理论和方法，而它所评价的内容与管理业绩评价有很多相似之处。因此，尝试运用平衡计分卡进行管理业绩评价，肯定会有助于企业提升管理水平。那么，如何通过平衡计分卡的运用分析管理业绩呢？

1. 从财务指标看企业或组织的获利能力

财务数据是管理业绩评价不可或缺的重要组成部分。企业经营的目的是追求利润。企业管理者的管理业绩水平如何，通过财务数据就能得到一个比较直观的认识。在通常情况下，企业的财务指标是和企业的获利能力紧密联系在一起的，它包括营业收入、销售增长速度或产生的现金流量、投资报酬率等，甚至可以是更新的一些指标，如经济增加值（EVA）。至于财务子模块在整个管理业绩评价体系中的权重，一般随企业类型及发展阶段的不同而有所区别。例如，传统产业企业的权重就可以高一些，设为30%、40%；对于高新技术产业企业而言，由于其前期大量的研发费用需要在以后相当长的一段时期内进行摊销，因此其权重应当低一些，设为20%左右。又如，在企业的成长阶段，由于各方面的投入数额巨大，财务方面的业绩衡量指标的权重应该低一些，设为20%左右；到了成熟阶段则可以适当提高其权重，设为30%~40%。

2. 从内部经营看企业或组织的综合提升力

传统的业绩评价体系对企业内部经营过程所确定的目标，通常起到控制和改善现有职能部门的作用，主要依据财务指标评价这些部门的经营业绩，还包括评价产品品质、投资报酬率和生产周期等指标，但它仅仅是强调单个部门的业绩，而不是着眼于综合地改善企业的整体经营过程。而平衡计分卡则强调评价指标多样化，不仅包括财务指标，还包括非财务指标。它能够综合反映企业内部的管理业绩水平，其指标可以包括企业推出新品的平均时耗、产品合格率、新客户收入占总收入的比例、生产销售主导时间、售后服务主导时间等，设置的权重为20%左右。

3. 从客户子模块看企业或组织的竞争能力

竞争优势归根到底来源于企业为客户创造的超过其成本的价值。价值是客户愿意支付的价钱，而超额价值产生于以低于对手的价格提供同等效益或者所提供的独特效益弥补高价后的盈余。因此，满足客户的需要是企业成功发展的必要条件。在平衡计分卡的客户子模块中，企业管理者要确定企业所要争得的竞争性客户和市场份额，并计算在这个目标范围内的业绩情况。对于企业客户管理业绩水平的评价，其核心指标应包括客户满意程度、客户保持程度、新客户的获得、客户营利能力，即在目标范围内的市场份额和会计份额。假如这些指标数据所反映的情况良好，则表示企业的客户管理是卓有成效的，企业也由此取得了一种重要的核心竞争力。在整个管理业绩评价体系中，可根据不同类型企业设置客户管理指标的不同权重。例如，在工农业企业中的权重可以低一些，一般为20%左右，而在服务业企业中的权重可以高一些，通常为30%~40%。

4. 从学习创新设计看企业或组织的持续后动

企业实现目标、取得成功的重要保证是客户管理和内部经营过程，而企业现有生产能力与业绩目标所要求的实际生产能力之间往往存在巨大差距。为了缩小这些差距，保证上述两方面目标的实现，企业必须在平衡计分卡中确定学习与创新的目标和评价指标，这是企业实现长期目标的力量源泉。一个企业要创新，其管理者的推动作用不可轻视，而管理者要推动企业学习与创新的发展，他们自己首先必须学会学习与创新。同时，相关的其他主要指标还包括为员工提供各种培训、提高信息技术、改善信息系统、营造良好的企业文化氛围等。在具体评价时，可以用其措施落实的数量和质量进行衡量。这个子模块对于企业管理者个人而言是非常重要的，它直接体现了管理者个人学习与创新的意识和能力，而对于一个有明确发展战略的企业而言，它的权重应不低于25%。

6.3.9　平衡计分卡核心思想

平衡计分卡是战略绩效管理的有力工具。它把对企业业绩的评价划分为四个部分，即财务、客户、内部运营、学习与成长。

平衡计分卡的核心思想是：以财务为核心的思想，从而实现了绩效评价与财务目标的结合。《老板》表示，平衡计分卡作为修正指标体系较为合适，但不宜作为绩效评价的上层指标，因为平衡计分卡涉及财务、顾客、内部经营流程、学习与成长四项业绩评价指标（具体的指标可达20多个）。一方面，如果每个指标都成为被测评的目标，那么企业就有众多的目标需要同时去追求和实现，管理者往往会失去行为准则而茫然无措。另一方面，如果有的指标不被测评，那它可能就根本不会起到约束管理者的作用。平衡计分卡设计指标复杂，因此，能运用平衡计分卡的基本上是世界500强企业，而中小企业或国内企业能运用或即使运用能成功的极为罕见。

6.3.10　平衡计分卡实践问题

①平衡计分卡与组织的愿景、战略脱节。
②平衡计分卡缺乏横向协调。
③未将职能部门纳入绩效管理。
④只将平衡计分卡简单地层层分解。
⑤平衡计分卡与管理流程脱节。
⑥平衡计分卡某些核心KPI（关键绩效指标）由于缺乏数据，未纳入管理。
⑦平衡计分卡与奖励（浮动薪酬）脱节。
⑧决策层未参与或重视不够。
⑨企业文化不支持组织变革。
⑩缺乏必要的战略管理制度与组织结构作为保障。
⑪将平衡计分卡作为ERP（企业资源计划）的一部分。

⑫企业没有遇到真正的平衡计分卡专家。

6.4　新产品的开发方案评价

一个完整的新产品开发过程要经历七个阶段，即新产品构思的产生、新产品构思的筛选、新产品概念的发展和测试、制订营销战略计划、商业分析、产品实体开发、新产品试销。

6.4.1　新产品构思的产生

进行新产品构思是新产品开发的首要阶段。构思是创造性思维，即对新产品进行设想或创意的过程。缺乏好的新产品构思已成为许多行业新产品开发的瓶颈。一个好的新产品构思是新产品开发成功的关键。企业通常可从企业内部和企业外部寻找新产品构思的来源。公司内部人员包括研究开发人员、市场营销人员、高层管理者及其他部门人员。这些人员与产品的直接接触程度各不相同，但他们的共同点是都熟悉公司业务的某些方面，对公司提供的产品较外人有更多的了解与关注，因而往往能针对产品的优缺点提出改进或创新产品的构思。企业可寻找的外部构思来源有顾客、中间商、竞争对手、企业外的研究和发明人员、咨询公司、营销调研公司等。

6.4.2　新产品构思的筛选

新产品构思筛选是采用适当的评价系统及科学的评价方法对各种构思进行分析比较，从中把最有希望的设想挑选出来的一个过滤过程。在这个过程中，力争做到除去亏损最大和必定亏损的新产品构思，选出潜在盈利大的新产品构思。构思筛选的主要方法是建立一系列评价模型。评价模型一般包括评价因素、评价等级、权重和评价人员。其中，确定合理的评价因素和给每个因素确定适当的权重是评价模型是否科学的关键。

6.4.3　新产品概念的发展和测试

新产品构思是企业创新者希望提供给市场的一些可能的新产品的设想，新产品设想只是为新产品开发指明了方向，必须将新产品构思转化为新产品概念才能真正指导新产品的开发。新产品概念是企业从消费者的角度对产品构思进行的详尽描述。即将新产品构思具体化，描述出产品的性能、具体用途、形状、优点、外形、价格、名称、提供给消费者的利益等，让消费者能一目了然地识别出新产品的特征。因为消费者不是购买新产品构思，而是购买新产品概念。新产品概念形成的过程亦即把粗略的产品构思转化为详细的产品概念。任何一种产品构思都可转化为几种产品概念。新产品概念的形成来源于针对新产品构思提出问题的回答，一般通过对以下三个问题的回答，可形成不同的新产品概念：谁使用该产品？该产品提供的主要利益是什么？该产品适用于什么场合？

6.4.4　制订营销战略计划

对已经形成的新产品概念制订营销战略计划是新产品开发过程的一个重要阶段。该计划将在以后的开发阶段中不断被完善。营销战略计划包括三个部分：第一部分是描述目标市场的规模、结构和消费者行为，新产品在目标市场上的定位、市场占有率及前几年的销售额和利润目标等；第二部分是对新产品的价格策略、分销策略和第一年的营销预算进行规划；第三部分则描述预期的长期销售量和利润目标以及不同时期的营销组合。

6.4.5　商业分析

商业分析的主要内容是对新产品概念进行财务方面的分析，即估计销售量、成本和利润，判断它是否满足企业开发新产品的目标。

6.4.6　产品实体开发

新产品实体开发主要解决产品构思能否转化为在技术上和商业上可行的产品这一问题。它是通过对新产品实体的设计、试制、测试和鉴定来完成的。根据美国科学基金会的调查可知，新产品开发过程中的产品实体开发阶段所需要的投资和时间分别占总开发总费用的30%、总时间的40%，且技术要求很高，是最具挑战性的一个阶段。

6.4.7　新产品试销

新产品试销的目的是在新产品正式上市前做的最后一次测试，且该次测试的评价者是消费者的货币选票。通过市场试销将新产品投放到有代表性地区的小范围的目标市场进行测试，企业才能真正了解该新产品的市场前景。市场试销是对新产品的全面检验，既可为新产品是否能全面上市提供全面、系统的决策依据，也可为新产品的改进和市场营销策略的完善提供启示，有许多新产品是通过试销改进后才取得成功的。

新产品市场试销的步骤如下：第一步，决定是否试销，并非所有的新产品都要经过试销，可根据新产品的特点及试销对新产品的利弊分析来决定。第二步，决定试销，接下来是对试销市场的选择，所选择的试销市场在广告、分销、竞争和产品使用等方面要尽可能接近新产品最终要进入的目标市场。第三步，对试销技术的选择，常用的消费品试销技术有销售波测试、模拟测试、控制性试销及试验市场试销。工业品常用的试销方法是产品使用测试，或通过商业展览会介绍新产品。第四步，对新产品试销过程进行控制，对促销宣传效果、试销成本、试销计划的目标和试销时间的控制是试销人员必须把握的重点。第五步，对试销信息资料的收集和分析。例如，消费者的试用率与重购率，竞争者对新产品的反应，消费者对新产品性能、包装、价格、分销渠道、促销发生等的反应。

6.5　绩 效 评 价

6.5.1　绩效评价的概念

绩效评价是指运用一定的评价方法、量化指标及评价标准，对中央部门为实现其职能所确定的绩效目标的实现程度，以及为实现这一目标所安排预算的执行结果所进行的综合性评价。绩效评价的过程就是将员工的工作绩效与要求其达到的工作绩效标准进行比对的过程。

6.5.2　绩效评价的原因及目的

1. 原因

进行工作绩效评价的原因主要有两个方面：一是绩效评价所提供的信息有助于企业判断应当做出何种晋升或工资方面的决策；二是它为企业管理者及其下属人员提供了一个机会，使大家能够坐下来对下属人员的工作行为进行一番审查。

2. 目的

①为员工的晋升、降职、调职和离职提供依据。
②组织对员工的绩效考评进行反馈。
③对员工和团队对组织的贡献进行评估。
④为员工的薪酬决策提供依据。
⑤对招聘选择和工作分配的决策进行评估。

⑥了解员工和团队的培训和教育的需要。

⑦对培训和员工职业生涯规划效果进行评估。

⑧为工作计划、预算评估和人力资源规划提供信息。

6.5.3 绩效评价的评价方法

1. 关键事件法

要求保存最有利和最不利的工作行为，形成书面记录。当这样一种行为对部门的效益产生无论是积极还是消极的重大影响时，管理者都将它记录下来，这样的事件称为关键事件。在考绩后期，评价者运用这些记录和其他资料对员工业绩进行的评价。其优点是：用这种方法进行的考绩有可能贯穿整个评价阶段，而不仅仅集中在最后几周或几个月。其缺点是：如果一名基层主管要对许多员工进行评价，则记录这些行为所需要的时间可能会过多。

2. 叙述法

只需评价者写一篇简洁的记叙文来描述员工的业绩。这种方法集中倾向于员工工作中的突出行为，而不是日常每天的业绩。这种评价方法与评价者的写作能力关系较大。一些主管由于其优秀的写作技巧，甚至能将一名勉强合格的工人描述得像一个工作模范。因为没有统一的标准，所以对叙述法进行比较可能是很困难的。其优点是：叙述法不但是最简单的，而且是对员工进行评价的最好方法。其缺点是：在一定的绩效评估系统中，用于评估的具体方法有许多，分别可以达到不同的目的。

3. 硬性分布法

需要评价者将工作小组中的成员分配到一种类似于一个正态频率分布的有限数量的类型中。例如，将最好的10%的员工放在最高等级的小组中，再将20%的员工放在次一级的小组中，然后将40%放在中间等级的小组中，进而将20%放在倒数第二级的小组中，余下的10%放在最低等级的小组中。其优点是：这种方法简单，划分明确。其缺点是：这种方法是基于这样一个有争议的假设，即所有小组中都有同样优秀、一般、较差表现的员工分布。可以想象，如果一个部门全部是优秀工人，则部门经理可能难以决定应该把谁放在较低等级的小组中。

4. 择业报告

要求评价者从一系列的个人陈述中进行选择，且这些人应是受到最多或最少描述的员工。其缺点如下：这种方法的一个困难之处在于，描述性陈述实质上可能都是相同的。

5. 考核业绩报告

评价者完成一份类似于强制选择业绩报告的表格，但对不同的问题会赋予不同的权数。其优点是：由于选择了权数，显得更公平。其缺点是：权数的确定有时存在争议。

6. 作业标准法

作业标准法是用预先确定的标准或期望的产出水平来评比每位员工业绩的方法。作业标准反映一名普通工人按照平均速度操作而取得的一般产出。作业标准可以直接应用在各种工作中，但它们主要频繁地用于生产工作中。其优点是：有明确的标准。其缺点是：合理的标准不易确定。

7. 排列法

评价者只要简单地把一组中的所有员工按照总业绩的顺序排列起来。例如，部门中业绩最好的员工被排列在最前面，最差的被排在最后。其缺点是：当个人的业绩水平相近时难以进行排列。

8. 平行比较法

平行比较法是排列法的一种演变。在这种方法中，将每个员工的业绩与小组中的其他员工相比较。这种比较常常基于单一的标准，如总业绩。获得有利的对比结果最多的员工，被排列在最高的位置。其缺点是：这种方法主要适合生产部门或者营销部门等，有些部门业绩本身难有定量的标准绩效。

评价在人力资源管理中的地位和作用：绩效评价是更合理配备人力资源的基础，衡量各岗位人员是否胜任，也是进行合理提升的基础。另外，绩效评价也是实施激励措施必不可少的环节，绩效评价是否公平是影响下一个周期中激励措施是否有效的重要因素。

6.5.4 绩效评价的评价指标

1. 产销率指标

产销率是指在一定时间内已销售出去的产品与已生产的产品数量的比值。产销率指标又可分成以下三个具体的指标：

①供应链节点企业的产销率。该指标反映供应链节点企业在一定时间内的经

营状况。

②供应链核心企业的产销率。该指标反映供应链核心企业在一定时间内的产销经营状况。

③供应链产销率。该指标反映供应链在一定时间内的产销经营状况，其时间单位可以是年、月、日。随着供应链管理水平的提高，时间单位可以越来越小，甚至可以做到以天为单位。该指标也反映供应链资源（包括人、财、物、信息等）的有效利用程度，产销率越接近1，说明资源利用程度越高。同时，该指标也反映了供应链库存水平和产品质量，其值越接近1，说明供应链成品库存量越小。

2. 平均产销绝对偏差指标

平均产销绝对偏差指标反映一定时间内供应链的总体库存水平，其值越大，说明供应链的成品库存量越大，库存费用越高。反之，说明供应链的成品库存量越小，库存费用越低。

3. 产需率指标

产需率是指在一定时间内，节点企业已生产的产品数量与其上层节点企业（或用户）对该产品的需求量的比值。该指标可具体分为以下两个指标：

（1）供应链节点企业产需率

供应链节点企业产需率指标反映上、下层节点企业之间的供需关系。产需率越接近1，则说明上、下层节点企业之间的供需关系越协调，准时交货率越高；反之，则说明下层节点企业准时交货率低或者企业的综合管理水平较低。

（2）供应链核心企业产需率

供应链核心企业产需率指标反映供应链整体生产能力和快速响应市场能力。若该指标数值大于或等于1，说明供应链整体生产能力较强，能快速响应市场需求，具有较强的市场竞争能力；若该指标数值小于1，则说明供应链生产能力不足，不能快速响应市场需求。

4. 供应链指标

当供应链节点企业生产的产品为单一品种时，供应链产品出产循环期是指产品的出产节拍；当供应链节点企业生产的产品品种较多时，供应链产品出产循环期是指混流生产线上同一种产品的出产间隔。由于供应链管理是在市场需求多样化经营环境中产生的一种新的管理模式，其节点企业（包括核心企业）生产的产品品种较多，因此，供应链产品出产循环期一般是指节点企业混流生产线上同一种产品的出产间隔期。它可分为出产循环期和成本两个指标。

（1）出产循环期指标

①供应链节点企业（或供应商）零部件出产循环期。该循环期指标反映了

节点企业库存水平以及对其上层节点企业需求的响应程度。该循环期越短，说明该节点企业对其上层节点企业需求的快速响应性越好。

②供应链核心企业产品出产循环期。该循环期指标反映整个供应链的在制品库存水平和成品库存水平，同时反映整个供应链对市场或用户需求的快速响应能力。核心企业产品出产循环期决定各节点企业产品出产循环期，即各节点企业产品出产循环期必须与核心企业产品出产循环期合拍。该循环期越短，一方面说明整个供应链的在制品库存量和成品库存量都比较少，总的库存费用都比较低；另一方面也说明供应链管理水平比较高，能快速响应市场需求，并具有较强的市场竞争能力。缩短核心企业产品出产循环期，应采取以下措施：

a. 使供应链各节点企业产品出产循环期与核心企业产品出产循环期合拍，而核心企业产品出产循环期与用户需求合拍。

b. 可采用优化产品投产计划或采用高效生产设备或加班加点来缩短核心企业（或节点企业）产品出产循环期。其中，优化产品投产顺序和计划来缩短核心企业（或节点企业）产品出产循环期是既不需要增加投资也不需要增加人力和物力的好方法，并且见效快，值得推广。这种方法在一般生产与运作管理的书中都可以找到，此处不再赘述。

（2）成本指标

供应链总运营成本包括供应链通信成本、供应链总库存费用及各节点企业外部运输总费用。它反映供应链运营的效率。

①供应链通信成本。供应链通信成本包括各节点企业之间的通信费用，如EDI、互联网的建设和使用费用，以及供应链信息系统开发和维护费等。

②供应链总库存费用。供应链总库存费用包括各节点企业在制品库存和成品库存费用、各节点之间在途库存费用。

③各节点企业外部运输总费用。各节点企业外部运输总费用等于供应链所有节点企业之间运输费用的总和。

6.5.5　绩效评价的评价系统

绩效评价系统是定期考察和评价个人或小组工作业绩的一种正式制度。实施绩效评价是人力资源管理领域最棘手的任务，创立一个有效的绩效评价制度也是人力资源管理中应优先考虑的事情。

1. 企业个体绩效评价体系

企业个体绩效评价体系的运行程序包括以下八个步骤。

①明确企业战略目标。必须先确定企业的发展战略，并由此确定企业的具体经营目标。

②确定部门关键绩效指标。将企业经营目标进行层层分解，形成部门的关键绩效指标。

③确定员工关键绩效指标。员工个人结果关键绩效指标和个人行为关键绩效指标共同构成员工的个人绩效指标。

④制订绩效计划。在绩效计划阶段，管理者和员工共同确定绩效考核的周期。在此基础上，员工对自己的工作目标做出承诺。

⑤绩效辅导。管理者要对员工的工作进行指导和监督，对发现的问题及时予以解决，并对绩效计划进行调整。在整个绩效期间内，都需要管理者不断地对员工进行指导和反馈。

⑥绩效评价。在绩效周期结束时，依据预先制订好的计划，主管人员对员工的绩效目标完成情况进行评价。

⑦绩效反馈。通过绩效反馈面谈，员工可以了解主管的期望和实际绩效，请求上司的指导或帮助。在员工与主管双方对绩效评价结果和改进点达成共识后，就需要确定下一绩效管理周期的绩效目标和改进点，从而开始新一轮的绩效评价周期。

⑧评价结果的使用。绩效评价的结果可用于员工工作绩效和工作技能的提高，据此决定对员工的奖励、薪酬的调整和相应的人事变动。

2. 流程

①人力资源部负责编制考评实施方案，设计考评工具，拟订考评计划，对各级考评者进行培训，并提出处理考评结果的应对措施，供考评委员会决策。

②各级主管组织员工撰写述职报告并进行自评。

③所有员工对本人在考评期间内的工作业绩及行为表现（工作态度、工作能力）进行总结，核心是对照企业对自己的职责和目标要求进行自我评价。

④部门主管根据受评人日常工作目标的完成程度、管理日志记录、考勤记录、统计资料、个人述职等，在对受评人各方面表现充分了解的基础上，负责进行客观、公正的考核评价，并指出对受评人的期望或工作建议，交部门上级主管审核。

如果一个员工有双重直接主管，由其主要业务直接主管负责协调另一业务直接主管对其进行考评。

各级主管负责抽查间接下属的考评过程和结果。

⑤主管负责与下属进行绩效面谈。当直接主管和员工就绩效考核初步结果谈话结束后，员工可以保留自己的意见，但必须在考评表上签字。员工若对自己的考评结果有疑问，有权向上级主管或考评委员会进行反映或申诉。

对于派出外地工作的员工，反馈面谈由该员工所在地的直接主管代为进行。

⑥人力资源部负责收集、汇总所有考评结果，编制考评结果一览表，报公司

考评委员会审核。

⑦考评委员会听取各部门的分别汇报，对重点结果进行讨论和平衡，纠正考评中的偏差，确定最后的评价结果。

⑧人力资源部负责整理最终考评结果，进行结果兑现，分类建立员工绩效考评档案。

⑨各部门主管就绩效考评的最终结果与下属面谈沟通，对受评人的工作表现达成一致意见，肯定受评人的优点所在，同时指出有待改进的问题和方向，双方共同制订可行的绩效改进计划和个人发展计划，提高个人及组织绩效。

⑩人力资源部对本次绩效考评成效进行总结分析，并对以后的绩效考评提出新的改进意见和方案，规划新的人力资源发展计划。

3. 绩效评价系统内容和程序

①量度：量度的原则与方法。

②评价：评价的标准和评价资料的来源。

③反馈：反馈的形式和方法。

④信息：过去的表现与业绩目标的差距，需要进行业绩改进的地方。

一般评价的标准是选择关键绩效指标（定量和定性的指标）来评价业绩实现过程中的结果目标和行为目标。

4. 综合评分方法

综合评分方法是通过一定的数学模型（或算法）将多个评估指标值"合成"为一个整体性的综合评估值。考虑到如何从综合评分上体现绩效问题，可采用加权平均法和功效系数法进行综合评分，即对目标、产出与结果两个层次采用加权求和法评分，对投入与活动采用功效系数法评分。

任务 7

企业经营沙盘模拟竞赛

学习准备

　　企业经营沙盘模拟竞赛不同于企业经营沙盘模拟的课堂教学。要想在竞争中获胜，就要构造出能够更好地"以变制变"的部门设置。在运营细节上，模拟企业各角色岗位还要学会一些技巧。

学习目标

　　1. 学会重新构造模拟企业各角色岗位，明确各自的工作职责。
　　2. 了解模拟企业新部门设置的运营流程，并能够不断优化。
　　3. 掌握模拟企业运营的技巧，并能够创新。

学习要求

　　在企业经营沙盘模拟实训中，学生组建的企业经营团队，能够学会"以变制变"，依据竞争态势调整模拟企业的部门设置和各角色岗位职能分工，熟练运用运营策略。

　　课堂教学将角色职能分为总经理、财务总监、营销总监、生产总监、采购总监等。但要针对竞赛中的盘面做到"以变制变"，将角色职能重新分为总经理（信息）、财务总监、生产采购总监、营销总监、市场总监更为恰当。

7.1　角色职能攻略

　　总经理（信息）：总览全局，把握整体战略，在关键时刻做出抉择，成为团队信息交流的中心，协调各个角色。

　　财务总监：计算公司每年的财务报表，优化长短贷、贴现，及时告知总经理财务预警、当年权益、下年预计权益、本年最高广告投放额度。根据从营销总监那里得到的信息，分析竞争对手的下年权益和策略。

生产采购总监：利用生产表及时计算产能，并告知市场总监下年产品数量，告知操作系统的队员何时采购多少材料。和财务沟通后，确定交单时间。利用从信息总监那里得到的信息，分析主要竞争对手下年的产品种类和数量。

营销总监：与总经理、市场总监共同分析归类整理信息，共同确定投放的每个市场每年的广告额。根据团队情况还可以充当第二财务或者第二生产，帮助验证正确性。

市场总监：在比赛之前的主要任务是分析市场，从给出的市场预测表和竞争对手的市场布局（巡盘信息）分析整理出最有利于本组的产品和市场组合，并提供给总经理。

7.2　总经理攻略

总经理作为一个企业的灵魂核心人物，必须对自己企业的各方面状况了如指掌，如财务、生产、市场等方面。而在决策上，当各组员对企业发展方针提出不同建议，且争论无果时，总经理就要发挥他的领袖的价值，根据自己对综合信息的判断做出决定，以免争论时间过长导致超过时限。总经理要与各个总监及时进行数据核对，做到输入的零失误。也可以说，总经理要参与到任何一个环节中，同时把握企业的发展方向，运筹帷幄，并作为队员之间的沟通桥梁，将其串联起来成为一个团队。

7.2.1　总经理的主要职责

1. 研究

（1）研究规则、熟悉规则、预测市场
决策全部都要在规则限制下制定。首先要将规则吃透，然后研究市场，抓住市场的需求，考虑生产线、产品如何选择。
（2）研究竞争对手
利用间谍及巡盘机会了解对手的发展状况，对症下药地制定对策。

2. 分析

（1）产品
产品专业化（选好主打产品）：选择毛利比较高的产品，可以做到重点生产某种产品或是只生产某种产品。

（2）市场

市场专业化（集中化）：主打某种产品，依据每年的市场容量的大小集中选择一个或几个大的市场，做好产品、市场、时间的三维坐标体系，看好某重要市场。做好市场"老大"，这也是比赛中较稳定的好方法。

市场全面化（开发市场全面）：可以选择多市场或所有市场，但是同样做好产品、市场、时间的三维坐标体系，分散投放广告，降低风险。这也能取得更好的利润。

（3）融资渠道

贷款（长贷、短贷）：贷款和权益有关。一般来讲，长贷用于生产线投资产品研发，短贷用于维护生产和生产周转。

贴现：做好预算，尽量做到不贴现，贴现的费用很大，还会因为应收款的问题导致恶性循环。

（4）生产线的安置

根据市场确定生产，再根据生产总监的安排和财务总监的预算制定安放生产线的具体方案。

7.2.2 总经理的战略制定

在制定战略之前做好战略准备，并且一定要与市场总监讨论沟通，市场分析是十分重要的环节。这是因为所有的策略、方案都是根据市场制定的。自身的发展，目的是服务于市场，是市场决定方案，而不是方案决定市场。因此，准确的、全方位的分析才是方案制胜的关键。

总经理配合市场总监分析市场，通常通过量、价、时、空四个要素进行全方位分析。

①量——市场需求量。需求量决定了自身产品能否销售出去，因此要学会以销定产，变化产品组合。

②价——销售价格（产品利润）。产品的利润决定了自身的毛利，因此在制定方案时，必须对每种产品在每个市场的利润进行准确分析。营销总监有目的性地投掷广告额度，从而获取更多销售，获得更大利润。

③时——产品出现时间。在 ERP 企业经营沙盘模拟 6 年中，每一种产品在每一年中走势是不断变化的，因此，要准确地抓住产品特性走势。

④空——产品空白区域。必须学会分析预测市场的空白区域。

某产品的价格高、需求量大，是最表面最基础的东西，人们都能看到，此时要精准预测市场空白区域就要学会逆向思维。因此，在销售中，建议企业必须有市场空白的辅助产品，目的就是产品零积压、材料库存零积压。从而不占用现金流，并且最大限度地提高利润，增加权益，为企业后续发展奠定基础。

7.2.3 总经理的常见战术

压制型：顾名思义，压制对手，从开场做起，最大限度地利用权益贷款，封锁本地市场最大利润销售线，利用"长期贷款＋短期贷款"大力发展生产与高科技路线，给每一个市场都施加巨大压力，当对手无法承受从而开始贷款时，利用他们的过渡期可以一举控制两个以上的市场，继续封锁销售路线，逼迫对手无法偿还高息而走向破产。此战术不可做任何保留，长短期双向贷款是为了"广告＋科技＋市场＋生产线"能最早成型，选择此路线建议一定要争取做第 1 年和第 2 年的市场"老大"，巨额贷款的利息使企业承受巨大压力，无法控制市场取得最大销售量就等于"自杀"。

跟随型：这种企业只有一个目的：不破产。等机会在竞争激烈化之后收拾残场，这样的企业一般不会破产，也不会拿到第一。首先在产能上要努力跟随前两者的开发节奏，同时内部努力降低成本，在每次新市场开辟时均采用低广告策略，规避风险，稳健经营，在双方两败俱伤时立即占领市场。此策略的关键如下：第一，要稳，即经营过程中一切按部就班，广告投入和产能扩大都要循序渐进，逐步实现，稳扎稳打；第二，要利用好时机，因为时机是稍纵即逝的，对对手一定要仔细分析。

保守型：前四五年保住自己的权益不下降，不贷款，小量生产，到最后一年全额贷款，开设多条生产线，购买厂房，把分数最大化。

忍辱负重型：这样的企业有多种分歧，有的在前期被压制时马上贷款转型，占据新开发的市场来翻盘；有的只研制 P1，尽量省钱并在国际市场开放后一鼓作气垄断 P1 市场，争取最大销售额；有的直接跳过 P2 的研制，从 P1 到 P3 转型，用新产品抢占新市场份额；更有甚者隐忍三年，后期用纯 P4 占取市场最大毛利翻盘。这样的企业在前两年举动十分明显：不发展新产品但增加生产线，或者不抢市场份额而利用贷款增加生产线走高科技路线，此时，便要时刻留意其他企业的发展，因为其他企业远比正面争夺市场的企业更具有威胁性，必须在其他企业爆发之前的那个时期控制住其他企业。

7.3 财务总监攻略

财务是一个团队的"计划核心"，任何数据都要经过财务的精密核算才能确定可行性，所有组员都必须懂得财务知识，这样才能做到与自身职位的密切结合，研讨出更科学的方案。

总经理懂财务（这里的"财务"指的是"财务知识"），才能掌握大局，轻松调控，明确企业目标，知道计划哪里存在缺漏，及时改变方案。因此，财务相当于半个总经理，一个好的财务基本上不需要总经理再多说什么，真正好的财务应当能够有能力独立完成所有的企业财务内容，但是当财务出现任何困难时总经理要能够起作用。

市场总监和营销总监懂财务，才能控制企业经营计划，知道企业在什么阶段最需要钱，能够有足够的现金贴现，了解企业的资金运作情况。再了解一些生产，并了解企业能在什么时间交出怎样的货，针对这一原则控制广告、竞争订单。

生产采购总监懂财务，才能知道企业的资金流情况，制订合理的生产计划，在什么时候可以扩大生产，如何控制材料订单，并在这一基础上学会更加合理的订单方法，以现金流控制为前提，提前多采购一定数量的材料，给营销方案预留后路，采用双重甚至多重生产营销计划，最大化地利用企业的剩余现金流。

7.3.1　财务验证技巧

很多人在现金流量表、财务报表处总是出错，无法满足"资产 = 负债 + 所有者权益"。

本小节总结了报表中几个容易出错的地方，并列举了一些检查修正的方法及公式。

前提：一是了解现金预算表和财务三大表（综合费用表、利润表、资产负债表）的组成结构；二是了解每张表的每项内容的相关性。

生产成本公式如下。

①在满足"今年第 4 季的制造费用 + 今年第 4 季的材料采购费用 = 今年年末在制品"（简称"今末制造费用 + 今末材料 = 今末在制"）的前提下，可得出以下结论：

今年的利润表中的直接成本 + 今年的库存成品 + 今年的库存原材料 = 上年的库存成品 + 上年的库存原材料 + 上年的期末在制品 + 今年第 1、2、3 季的材料采购费用总和 + 今年第 1、2、3 季的制造费用总和

简称：

今直接成本 + 今库品 + 今库料 = 上库品 + 上库料 + 今前 3 季材料 + 今前 3 季制造费用

如果今年没有库存的成品和原材料，上年也没有库存的成品和原材料，那就更好计算了。

简称：

今直接成本 = 上末在制 + 今前 3 季材料、制造费用

②若不满足"今末制造费用 + 今末材料 = 今末在制"的前提，则必须把这三个因素考虑在内。将该条件等号的左右边加到基础公式的左右边即可，得出以

下公式：

今年的利润表中的直接成本＋今年的库存成品＋今年的库存原材料＋今年第 4 季的制造费用＋今年第 4 季的材料采购费用＝上年的库存成品＋上年的库存原材料＋上年的期末在制品＋今年第 1、2、3 季的材料采购费用总和＋今年第 1、2、3 季的制造费用总和＋今年年末在制品

简称：

今直接成本＋今库品＋今库料＋今末制造费用＋今末材料＝
上库品＋上库料＋今前 3 季材料＋今前 3 季制造费用＋今末在制

如果今年没有库存的成品和原材料，上年也没有库存的成品和原材料，那就更好计算了。

简称：

今直接成本＋今末材料、制造费用＝上末在制＋今前 3 季材料、工资＋今末在制

7.3.2 财务控制技巧

财务控制，主要是控制企业的现金流，包括如何控制贷款、如何掌控贴现、如何迅速做现金计划等。

1. 控制贷款的方式和长短贷款

长贷是指长期贷款，可贷 1～5 年的贷款方式；短贷是本季度贷款后到下年贷款的季度必须还本付息的贷款方式。长期贷款和短贷款利息分别为 10%、5%。

长短贷款的方案取决于 CEO 的期初策划，根据企业策划选择贷款方式。从实战的角度讲，一般是先短后长，控制自己的权益，长贷一般是现金流不足以还短贷或投放广告时选用的融资方式，但是也不排除要扩大生产或加大产品广告投资的原因。也有特殊的策划，如一直用长贷或一直用短贷（当然也有第 1 年拉满长贷或者短贷获得冠军的）等，但是控制好短贷一定要注意现金流，滚短贷是以贷养贷，万一现金流断流而且贷款贷满则会很麻烦。因此，一定要有比较周密的预算，长贷要注意过多的财务费用导致权益的下降。CEO 能控制住这两点，长、短贷如何运用要根据企业策划的需要而定。

另外，由于厂房的关系，若是租厂房，最好不要在第 2 年贷长贷，第 3 年再开始，这需要视情况而定。若是买厂房则一般都在第 2 年贷一些长贷，这样资金流会充裕很多。作者比较偏向长短结合的方法，节省权益，现金流也不是很紧张，但是想要上线还是需要贷长贷，否则还款的压力会很大。

2. 贴现

贴现和长贷的利息基本上是相同的（贴息第1、2季度为10%；第3、4季度为12.5%），但贴现的优点是不占用贷款额度，不会影响到企业其他贷款的数量。如果是主动贴现（即不是全部为了还贷），应该能给资金的流通带来很大的灵活性（现金流回快），这是它的优点。但是，贴现会减少企业应收款的额度，如果依靠贴现循环现金流，则会造成很大的财务费用，因此融资时，一般情况下不考虑贴现。当然，有时为了进行下一步生产，创造更大的利润，贴现还是可以选择的。

融资方式都必须要求财务总监能够精准地计算出需要量，灵活应用，互相结合。

7.4　营销总监攻略

通过对市场战略的分析，抓住市场的规律与原则，从而制定市场战略和市场广告战略，为企业今后的市场定位找到方向，也为企业的精准营销奠定基础。

7.4.1　市场战略技巧

通常，人们拿到一个市场预测，首先要做的是将图表信息转换成人们易于读识的数据表。通过这样"数字化"转换以后，人们可以清晰地看到各种产品、各个市场、各个年度的不同需求和毛利。通过这样的转换，不仅可以让人们对不同时期市场的"金牛"产品一目了然，还可以帮助人们进行战略决策。

更重要的是，通过市场总需求量与不同时期全部队伍的产能比较，可以分析出该产品是"供大于求"还是"供不应求"。通过这样的分析，可以大略地分析出各个市场的竞争激烈程度，从而帮助确定广告费用。

另外，除了考虑整体市场的松紧情况外，还可以将这些需求量除以参赛的队数，就可以得到一个平均值。在投广告时，如果计划今年出售的产品数量大于这个平均值，那么意味着可能需要投入更多的广告费以抢夺市场份额。反之，如果计划出售的产品数量小于这个平均值，那么相对来说可以少投入一些广告费用。

除了上述根据需求量分析以外，广告费的投放有时还要考虑整体广告方案，充分利用吃透规则："若在同一产品上有多家企业的广告投入相同，则按该市场上全部产品的广告投入量决定选单顺序；若市场的广告投入量也相同，则按上年订单销售额的排名决定顺序。"如果某一市场整体广告费偏高，或者上一年度销售额相对较高的情况下，可以适当优化部分产品的广告费用，从而实现整体最佳的效果。另外，特别是在投入类似20万元、40万元、60万元这样偶数广告费时，应该考虑投偶数广告额是否有必要。通常，投放偶数的广告费，并不是为了多一次选单机会，而是为了压制奇数的广告费。

对市场预测，首先最大单，其数量应是市场总量的1/3，第二大单比最大单数量一般少2个。然后带ISO认证要求的，第4年有这个要求的订单数量为1~2个，第5年有这个要求的订单数量约占总订单数的1/2，第6年就要达到80%，因此，ISO 9000认证和ISO 14000认证很重要，尽早完成认证，或许就能多拿到一张订单。

在总结出每种产品每年每个市场的最大单数量及毛利的情况之后，上述问题就一目了然了。总的来说，要多产品单市场战略，绝对不能做单产品多市场的战略，因为市场"老大"这个规则非常有影响力。第1年要多投广告，一定要抢下本地市场"老大"的位置。因为本地市场无论是什么产品价格都很高，与它同类的还有亚洲市场，这两个市场对于P2、P3来说更是这样，数量大、价格高，这是拿第一的保证。例如，P1价格逐渐走低，后期只有一个国际市场有利润空间，而P2、P3才是获利的主力，后期更是要大量卖出P3，多卖一个P3，就多5万元的毛利，而P4发展空间太小，起不到什么作用，费用较高，最好不要开发。第2年就要出P2、P3。此时，企业就要好好考虑怎样安排生产线，是本地"老大"就要保持，不是则要用P2、P3来抢夺市场份额。

7.4.2　广告投入技巧

1. 市场"老大"

市场"老大"在投广告费时，对于需求量相对较大的P2、P3或P4产品，最好投30万元以上，以避免有人偷袭"市场老大"地位。如果有第二次选单机会，那么可以选取一张单价比较好的订单。

2. 非市场"老大"

在有市场"老大"的市场中最好打价格差，即投广告费时以20万元、40万元、60万元、80万元为主，力争获得第二排名选单，但是也不排除他人带有高广告费的情况。

3. 新市场

在新市场上，如果想要争市场"老大"，则广告费必须打价格差。例如，P4产能大，要获得两次选单，建议广告费的投入在32万元以上，可动态掌握。

4. 认证广告

自第 4 年起，必须投放认证广告，因为后期基本全是要求认证的订单。

5. 技巧

在投广告费时，一定要综合各个组的产能及市场"老大"的情况。

7.5 生产采购总监攻略

每年生产总监都需要根据营销总监和总经理做出的企业发展计划给出相应的生产线投资，选择用什么样的生产线进行生产。然后根据营销总监的选单情况合理安排生产，而营销总监在选单时需要生产总监给出生产线的产能信息。如果第 1 年第 1 季度开始建设一条柔性线，那么到第 2 年第 1 季度营销总监开始选单前，得到的产能信息就是第 2 年第 2 季至第 4 季度都可以产出一个未知的产品。根据给出的产能信息，营销总监才能根据生产情况选择适合企业发展的订单。这样就可以避免选择订单过多而造成违约的情况，这时就要求生产总监对企业投资生产线拥有较高的熟悉程度，以及对生产线产能数目拥有较高的熟悉程度。生产总监尽量在营销总监选单时就安排好这一年度企业的生产过程，并且对于企业来说，一开始的生产线建设肯定不能是一条线。对于多条线，特别是多条柔性线的情况来讲特别复杂，对于生产总监的要求很高。

例如，一个企业以 P1、P2、P3，2 条柔性线、2 条自动线（生产 P1 和 P2）开局时（经典开局），如果生产总监没有提前计算好各种生产线的产能情况，那么营销总监选单时就会产生混乱，从而造成生产线产能的浪费。对于生产总监，产能的计算见表 7 – 1。

表 7 – 1　产能的计算

生产线\季度	柔性线	柔性线	自动线	自动线
第 1 季度	0	0	0	0
第 2 季度	P1/P2/P3	P1/P2/P3	P2	P1
第 3 季度	P1/P2/P3	P1/P2/P3	P2	P1
第 4 季度	P1/P2/P3	P1/P2/P3	P2	P1

营销总监有了生产线产能的具体排布情况，在选单时就有了目标和侧重点。在安排生产时，一个重要的指标就是原材料的计算。如果原材料的计算不够

精确，那么就会出现以下几个弊端。

①占用资金。庞大原材料的购入，会占用一部分企业运营资金，经常出现这种情况就会使企业错过很多发展机遇。例如，没有资金进行研发、没有资金进行下一步生产等情况，这时想到最多的情况就是贴现，但贴现是要增加财务费用的，财务费用增多就会降低权益，这对企业发展是不利的。这时可以在原材料上下功夫，从而节省一些财务费用。

②生产的条理不清。如果生产总监对于原材料需求不是清晰、井然有序的概念，那么容易造成生产、采购的操作步骤混乱，而导致有时会缺少了某些原材料还要紧急采购的情况，而紧急采购是属于损失也是要降低权益的。

7.5.1　生产线的选择

一个企业想占领大量市场份额必须能销售大量的产品，没有坚固的生产线根本无法与对手竞争，即使有单也未必敢接，造成了毁约更是得不偿失。下面介绍三条常见的生产线。

①手工生产线：灵活，但是产率低，同样一年为 5 万元的维护费用，但是产率远远不及其他生产线。转产灵活与折旧费低是它的优势。

②自动生产线：产率是最高的，折旧费用适中。既能使产率最大化，也可以使自身效益保持稳定耗损。唯一不足的就是灵活性差，转产周期长，不建议转产，可用到最后。除非对市场和原材料把握准确，否则不建议转产。

③柔性线生产线：最灵活、产率最高的生产线。其缺点是折旧率高，不建议多建设，准备一条转产备用即可。

为使效益最大化和权益最优化，自动生产线是不二之选，因为其折旧率直接与权益挂钩，产率和分值是与柔性线相等的，实为竞争利刃（性价比最高）。

7.5.2　生产线的灵活运用

对于生产线如何安放的问题一直没有特定的方案（2 柔 2 自是经典方案不假，但是很平庸，只适合保名次）。一般在第 1 年总经理就会和大家定下来如何安排开局生产线，但是在第 2 年到第 6 年什么时候安装生产线，安装什么生产线就是很有必要研究的问题，这就是所谓的"开源"。要想多获利必须拼产能，但是时机不对就会适得其反。然而如何决定是否开线，只要把握以下两点则很好决定。

第一，看市场的需求，看宏观总需求量，看现在所剩的比赛组数。

第二，看自己的权益和现金流是否足够用于生产线的建线，是否还需要购租厂房，建完后用于原材料购进的费用是否足够，有没有足够用于生产产品的现金。

7.6　市场总监攻略

比赛时，会发现有的同学总是在市场的需求量很小时用一个产能很大的方案，或者在需求很大时用一个产能很小的方案，结果不是每年年末都有一大堆库存，就是因为产能跟不上市场，权益增长幅度不大。因此，分析市场，选择与市场最相符的方案十分重要。

一个好的市场，一定是建立在一个能与之相匹配的规则的基础上的。因此，在分析市场之前，大家一定要关注规则是否发生了变化（相比大家平时的网赛或训练而言），如厂房所能容纳的生产线数量、产品研发的周期及研发费、贷款的倍数、得单的最低广告额等。（注：厂房所能容纳的生产线数量在一定程度上会影响生产线的搭配，而产品研发的周期及研发费在一定程度上则会影响人们对产品的选择。）

7.6.1　分析市场的三个步骤

1. 分析市场整体的容量

世界上，没有最好的方案，只有最符合市场的方案。人们只有去聆听和读懂市场的心声，才能在比赛中战无不胜。市场的容量也就是市场所需要的产品数量。例如，市场上有 5 种产品供人们选择，在一般情况下，人们赛前是无法确切地知道生产每种产品的具体组数的。因此，不妨先计算出该年市场上所有产品的需求量，并假设产品的需求量被平均地分配到每组手中，计算出每个组大概能拿到多少数量的产品，以这个为基点，确定企业第 2 年（及第 3 年）的产能。（注：可以适当高于平均数，也可以低于平均数。）

2. 比较每个产品的发展前景

市场的总需求量一定是根据年份的增加有不同幅度的增长的，但是单个产品的需求量有可能维持不变，甚至缩减。这时，从大局出发，想要在前期占领大量的市场份额，选择产品就变得尤为重要。例如，虽然市场整体的需求量很大，但是企业所选择的产品占市场的比重很小，且随着年份的增加，没有明显的增长的趋势。这时，如果不及时优化产品结构，扩宽产品的种类，那么前期企业可能就会出现供过于求，或者企业所占的市场份额过小，所卖的产品数量较少，净利润较低，这会使企业后期的发展也变得十分艰难或落后于别的企业。（注：一般第 2、3 年只能选择两种或三种产品，在权益过低，或生产较为死板时，不易转产。）

一般情况下，P1 的需求量一定是最多的，而且应该是最不会竞争激烈的一种产品，但是 P1 的利润同时也是最低的（P1 成本为 20 万元时，平均每个 P1 的毛利润大约为 30 万元，P2 的毛利大概为 40 万元，P3 的毛利大概为 46 万元）。也就是说，企业每卖出一个 P1，相比其他企业每卖出一个 P2（P3）来说，少赚了 10 万元（16 万元），当大家卖出相同产品数量时，自己相比他人而言一定是亏的。

那么为什么有的人还要去卖 P1 呢？正所谓薄利多销，"好的产品"所占的市场份额一定不大，而且生产该产品的人也一定会较多（相对 P1 而言），人们所能卖出的"好的产品"的数量是比较少的。这时，只要大家能够卖出足够多的 P1 去弥补 P1 利润低的劣势，那么同样可以在前期迅速发展壮大。特别是在市场总需求量很小时（或其他产品的需求量很小），这时卖低利润产品的优势会体现得淋漓尽致。（P1 也有很多其他的好处，如成本低、贴息少、原材料容易订等。）

值得注意的是，商人永远不做亏本的生意。如果某种产品的毛利非常低（入不敷出），那么即使卖得再多，也是没用的。

3. 预估每种产品的生产组数

每种产品的市场容量是有限的，有时人们总是会感叹"P5 好挤啊""P3 投 50 万元的广告都拿不到单"。但其实有些产品的拥挤度赛前是可以预测出来的。例如，某产品的毛利高得吓人时（第 2 年 P3 的市场平均毛利为 54 万元左右），大家可以知道，这种产品一定是会很挤的（有时候数量是无法弥补产品利润间的差距的）；又或者某产品第 2 年的需求量很少，做此产品的企业可能会较少。

7.6.2　市场的多角度分析

1. 市场角度

本地市场，兵家开局必争之地。前 3 年 P1 与 P2 价格上涨，第 4 年之后价格下滑。前 3 年可以为后期积累大量的基金，缓解贷款高利息所带来的压力。中后期可以持续作为经济资源，建议争夺。积压产品对前期基金短缺发展非常不利，市场"老大"不是"1 = 1"的关系，而是"1 = 1 + 1"的关系，一次广告争夺成功 = 两次主动占据市场"龙头"。

区域市场，开发期短，市场需求量大，3 年后价格明显下滑，可以在前 3 年赚取足够利润后在第 4 年退出。

国内市场，该市场的成型时期与 P3 的开始期极其相似，也正是 P2 的成熟期，此市场利润很大（相对 P2 与 P3 来说）。

亚洲市场，开发期长，P3 的成熟期，有 ISO 认证要求，但是利润远远大于申请认证所花费的资金。在 P3 的成熟期可以放弃区域市场的争夺而转向亚洲市场。

国际市场，P2、P3、P4 的价格稳定，但是 P1 的价格大幅回升，要想竞争此市场，至少要留 1 条 P1 生产线。

2. 产品角度

产品 P1，成本低，前期需求大。因为研发周期极短，所以前两年无疑就是产品 P1 的争夺战。主要销往 3 个市场，即本地市场、区域市场、国际市场。

产品 P2，成本不高，需求量稳定，材料补充快，研制周期短，倘若第一年本地市场"老大"位置没争夺到，可以利用提前开拓 P2 来争取区域市场"老大"位置。在第 3 年之后，可以由 P2 向 P3 转移继而争夺国内市场甚至亚洲市场"老大"位置。

产品 P3，利润高，研发成本高，可以作为后期压制对手与翻盘的一把利剑，建议在第 3 年后主要生产 P3 来压制科技发展慢的企业。也可以说，谁控制了 P3 市场，谁就能控制国内市场与亚洲市场。

产品 P4，研发成本极高，研发周期长，虽然说利润不菲，但是要求高，可销售时间不长，只有 2~3 年销售期，一般不建议研制产品 P4。

3. 广告角度

想把商品卖出去必须抢到单子。虽然少打广告、少卖产品所得利润只能填补广告费与运营费用，但是贷款的利息逐年扣除，为了维护自己的权益，必须适量销售产品。

至于广告费的多少可以从多角度考虑：如果观察到对方放弃大量产品的生产而在拼命攀科技时，则广告费不宜过大；如果发现每家企业都大量屯货时，则可以避其锋芒保单即可，也可以大胆压制，消耗对方的广告费。例如，第 2 名多投 5 万元，利润不在于所赚的毛利有多少，而在与对手拉开的差距有多远。压制是一种保本逼迫对手急躁犯错的战术。

7.7　违约、贷款、广告攻略

7.7.1　关于违约的思考

沙盘经营中，财务方面需要做到优化，使利益最大化，损失最小化。拿了销售订单之后，首先确定需要紧急采购与否。如果需要，那么同时可以考虑是否能通过违约使损失更小。总的来说，就是将急购与违约进行比较。当然，还可以考虑建手工线等进行弥补，但这点需要从全局考虑来做决策。这个比较看起来很简单，其实是个复杂的问题，尤其是在有不同交货期要求以及多种产品订单情况下。而现实又没有很多时间可以逐一进行比较，因此，需要负责人依一定的经验来完成决策。对于这个问题，可以先确定相差不大的几个产品，以及每张订单单独考虑时，违约划算还是紧急采购（全部数量紧急采购）划算。如果是违约划算的单子，其产品数量可以符合数量要求，那么就违约；如果违约有多种选择，则并不一定是违约低端产品的单子，而是违约平均单个产品毛利最小的；如果有两张单子单个产品毛利一样小，那么违约高端产品划算（考虑生产因素，高端产品成本高，可能会引起更多的贴现）。当然，这个问题可能很难用语言方式进行描述，在平时的训练中，可以多花点儿时间来研究，提升自己的经验，提高直觉敏感度。

在违约与紧急采购的问题定下来之后，是柔性线先产什么产品的问题。这个首先要保证交货期。在不影响交货期的情况下，生产安排有两个目标：一是尽量使每个季度的库存为零；二是尽量是平均价格高的单子先交单，进行综合考虑。然而，这两点是从数学模型的角度进行最优化的。在实际的考虑中，还需要考虑财务方面的因素，即账期。通常，交订单是看账期的。一般来说，账期短的先交单，用来减轻当年的贴现压力。这其实也需要在平时的训练中多研究，提高直觉敏感度。显然，如果减少当年的贴现，即使次年贴现多一些，也不会吃亏。因为次年贷款可能也多了，其实又把贴现压力减轻了。

综上所述，生产安排需要做到的是：违约与紧急采购的问题要考虑平均单个产品的毛利，兼顾数量要求；交货不仅需要考虑平均单个产品的价格，还要考虑账期。考虑复杂性，需要平时的经验积累，以直觉做决策。

7.7.2　关于贷款的思考

长贷与短贷的利弊，可以说各有千秋。在比赛的每一阶段都能起到很大的作用，当然这是与公司权益相结合来说的。如果说公司开始为了有更好的长贷拉满，那么对于企业后面的抢单过程必须谨慎，自己的产品基本上要保证卖出去，而且自己公司所赚的利润最少都要与自己公司支出的费用持平，只有这样公司的权益才不会跌；如果开局公司借短贷，那么预计到还贷时自己公司要接着贷，形成一种利滚利的趋势，保持原有的权益基本上不会下跌，这里又要说到的情况还是抢单的问题，这个关口是整个公司过渡阶段，很有可能会直接影响公司后几年的经营状况；还有一种贷款就是长贷与短贷相结合的一种，这种利弊不易衡量，经历了决赛的同学知道市场的重要性不易把握。想要有更好的经营情况，必须在比赛场上具体问题具体分析，既要能看清当下，也要能基本把握未来。

在刚接触沙盘时，作者就听过很多人谈论长短贷比例问题以及所谓的万能公式：长贷＝短贷＋贴息＋竞单风险。现在，作者的观点是不支持比例的看法的，不同条件下有不同的技巧。当然，这个万能公式还是有一定指导意义的。关于长短贷问题，作者的原则有以下三点：

①估算每季度的原料入库需要现金量，然后确定的短贷要与这个现金量相当。

②在当年不增加贴现，并且当年的净利润引起的新长贷足够偿还第1季度短贷情况下，尽量增加短贷数量。

③每个季度的短贷数额尽量平均化，尤其是前两年，到后期可以考虑集中在第1、2季度，当然，在不引起增加贴现的情况下，还是尽量不要集中。

贷款上，有个小技巧，如长贷尾数为4，短贷尾数为9，尾数不用利息。

综上所述，贷款需要做到的是：尽量使总利息最小化，同时考虑下一年的还贷问题，必须考虑贴现因素。

7.7.3 关于投递广告的思考

①投放广告的目的主要有以下两种情况：一是自己获得盈利；二是挤垮对手。

第一种情况：当自己处在弱势时，投放广告首先要考虑的是自己的盈利问题，没有盈利生存就会受到威胁。盈利要从材料采购成本、生产成本、广告成本、产品组合、市场组合及对手策略（有一点困难，但也有一定的规律）几个方面考虑。

第二种情况：当自己处在优势或者与对手处在优势持平时应当考虑第二种情况，打击对手才能提升自己，然而，打击对手的同时自己也会受到一定的伤害，但要看伤害对谁的损失更大，弱势的对手是经不起打击的，把对手打趴下了自己就会脱颖而出，同时也要注意到想坐收渔翁之利的对手。

②投放广告时要考虑自己的产能。这才是投放广告的出发点。卖出自己的库存才是王道，在此不做过多讨论。

③投放广告一定要考虑的是权益问题。肆无忌惮地投广告会提高综合费用。因为综合费用是影响权益的最重要因素，所以在投广告时一定要考虑权益问题，用自己权益降低的代价换取高广告的投放是不明智的。

④广告的投放要考虑到现金问题，没有充足的现金流，投放广告还需要慎重。例如，某比赛有一个组，用高利贷、贴现投广告。作者觉得不是不可以，但应该把握一个度，广告不是投入越多越好，遵循韬光养晦之计未尝不可。当大家都在头破血流地抢单时有人稍稍投入10万元就能接到订单，效益未必会差。

附　　录

附录 A　企业经营沙盘模拟手册

初　　始　　年

附表 A-1　企业经营流程

企业经营流程 请按顺序执行下列各项操作	每执行完一项操作，CEO 请在相应的方格内打钩。 财务总监（助理）在方格中填写现金收支情况。			
新年度规划会议				
参加订货会/登记销售订单				
制订新年度计划				
支付应付税金				
季初现金盘点（请填余额）				
更新短期贷款/还本付息/申请短期贷款				
更新应付款/归还应付款				
原材料入库/更新原料订单				
下原料订单				
购租厂房				
新建生产线/在建生产线/生产线转产/出售生产线				
开始生产				
更新应收款/应收款收现				
按订单交货				
出售厂房				

续表

企业经营流程 请按顺序执行下列各项操作	每执行完一项操作，CEO 请在相应的方格内打钩。 财务总监（助理）在方格中填写现金收支情况。				
产品研发投资					
支付行政管理费					
其他现金收支情况登记					
支付利息/更新长期贷款/申请长期贷款					
支付设备维护费					
支付租金/购买厂房					
计提折旧					
新市场开拓/ISO 资格认证投资					
结账					
现金收入合计					
现金支出合计					
期末现金对账（请填余额）					

附表 A－2　订单登记表

订单号									合计
市场									
产品									
数量									
账期									
销售额									
成本									
毛利									
未售									

附表 A－3　产品核算统计表

项目	P1	P2	P3	P4	合计
数量					
销售额					
成本					
毛利					

附表 A−4 综合管理费用明细表 百万元

项目	金额	备注
管理费		
广告费		
设备维护费		
转产费		
租金		
市场准入开拓		□本地 □区域 □国内 □亚洲 □国际
ISO 资格认证		□ISO 9000 □ISO 14000
产品研发		P1 （ ） P2 （ ） P3 （ ） P4 （ ）
信息费		
其他		
合计		

附表 A−5 利润表

项目	上年数	本年数
销售收入		
直接成本		
毛利		
综合管理费用		
折旧前利润		
折旧		
支付利息前利润		
财务费用		
税前利润		
所得税		
净利润		

附表 A−6 资产负债表

资产	期初数	期末数	负债和所有者权益	期初数	期末数
流动资产：			负债：		
现金			长期负债		

资产	期初数	期末数	负债和所有者权益	期初数	期末数
应收款			短期负债		
在制品			应付账款		
成品			应付税金		
原材料					
流动资产合计			负债合计		
固定资产：			所有者权益：		
土地和建筑			股东资本		
机器与设备			利润留存		
在建工程			年度净利		
固定资产合计			所有者权益合计		
资产合计			负债和所有者权益合计		

第 1 年

附表 A - 7　企业经营流程

企业经营流程 请按顺序执行下列各项操作	每执行完一项操作，CEO 请在相应的方格内打钩。 财务总监（助理）在方格中填写现金收支情况。			
新年度规划会议				
参加订货会/登记销售订单				
制订新年度计划				
支付应付税金				
季初现金盘点（请填余额）				
更新短期贷款/还本付息/申请短期贷款				
更新应付款/归还应付款				
原材料入库/更新原料订单				
下原料订单				
购租厂房				
新建生产线/在建生产线/生产线转产/出售生产线				
开始生产				

企业经营流程 请按顺序执行下列各项操作	每执行完一项操作，CEO 请在相应的方格内打钩。 财务总监（助理）在方格中填写现金收支情况。			
更新应收款/应收款收现				
按订单交货				
出售厂房				
产品研发投资				
支付行政管理费				
其他现金收支情况登记				
支付利息/更新长期贷款/申请长期贷款				
支付设备维护费				
支付租金/购买厂房				
计提折旧				
新市场开拓/ISO 资格认证投资				
结账				
现金收入合计				
现金支出合计				
期末现金对账（请填余额）				

附表 A-8 订单登记表

订单号								合计
市场								
产品								
数量								
账期								
销售额								
成本								
毛利								
未售								

附表 A－9　产品核算统计表

项目	P1	P2	P3	P4	合计
数量					
销售额					
成本					
毛利					

附表 A－10　综合管理费用明细表　　　百万元

项目	金额	备注
管理费		
广告费		
设备维护费		
转产费		
租金		
市场准入开拓		□本地　□区域　□国内　□亚洲　□国际
ISO 资格认证		□ISO 9000　□ISO 14000
产品研发		P1（　）P2（　）P3（　）P4（　）
信息费		
其他		
合计		

附表 A－11　利润表

项目	上年数	本年数
销售收入		
直接成本		
毛利		
综合管理费用		
折旧前利润		
折旧		
支付利息前利润		
财务费用		
税前利润		
所得税		
净利润		

附表 A-12　资产负债表

资产	期初数	期末数	负债和所有者权益	期初数	期末数
流动资产：			负债：		
现金			长期负债		
应收款			短期负债		
在制品			应付账款		
成品			应付税金		
原材料					
流动资产合计			负债合计		
固定资产：			所有者权益：		
土地和建筑			股东资本		
机器与设备			利润留存		
在建工程			年度净利		
固定资产合计			所有者权益合计		
资产合计			负债和所有者权益合计		

第 2 年

附表 A-13　企业经营流程

企业经营流程 请按顺序执行下列各项操作	每执行完一项操作，CEO 请在相应的方格内打钩。财务总监（助理）在方格中填写现金收支情况。			
新年度规划会议				
参加订货会/登记销售订单				
制订新年度计划				
支付应付税金				
季初现金盘点（请填余额）				
更新短期贷款/还本付息/申请短期贷款				
更新应付款/归还应付款				
原材料入库/更新原料订单				
下原料订单				
购租厂房				

企业经营流程 请按顺序执行下列各项操作	每执行完一项操作，CEO 请在相应的方格内打钩。 财务总监（助理）在方格中填写现金收支情况。			
新建生产线/在建生产线/生产线转产/出售生产线				
开始生产				
更新应收款/应收款收现				
按订单交货				
出售厂房				
产品研发投资				
支付行政管理费				
其他现金收支情况登记				
支付利息/更新长期贷款/申请长期贷款				
支付设备维护费				
支付租金/购买厂房				
计提折旧				
新市场开拓/ISO 资格认证投资				
结账				
现金收入合计				
现金支出合计				
期末现金对账（请填余额）				

附表 A-14　订单登记表

订单号								合计
市场								
产品								
数量								
账期								
销售额								
成本								
毛利								
未售								

附表 A – 15　产品核算统计表

项目	P1	P2	P3	P4	合计
数量					
销售额					
成本					
毛利					

附表 A – 16　综合管理费用明细表　　　　百万元

项目	金额	备注
管理费		
广告费		
设备维护费		
转产费		
租金		
市场准入开拓		□本地　□区域　□国内　□亚洲　□国际
ISO 资格认证		□ISO 9000　□ISO 14000
产品研发		P1（　）P2（　）P3（　）P4（　）
信息费		
其他		
合计		

附表 A – 17　利润表

项目	上年数	本年数
销售收入		
直接成本		
毛利		
综合管理费用		
折旧前利润		
折旧		
支付利息前利润		
财务费用		
税前利润		
所得税		
净利润		

附表 A – 18 资产负债表

资产	期初数	期末数	负债和所有者权益	期初数	期末数
流动资产:			负债:		
现金			长期负债		
应收款			短期负债		
在制品			应付账款		
成品			应付税金		
原材料					
流动资产合计			负债合计		
固定资产:			所有者权益:		
土地和建筑			股东资本		
机器与设备			利润留存		
在建工程			年度净利		
固定资产合计			所有者权益合计		
资产合计			负债和所有者权益合计		

第 3 年

附表 A – 19 企业经营流程

企业经营流程 请按顺序执行下列各项操作	每执行完一项操作，CEO 请在相应的方格内打钩。 财务总监（助理）在方格中填写现金收支情况。			
新年度规划会议				
参加订货会/登记销售订单				
制订新年度计划				
支付应付税金				
季初现金盘点（请填余额）				
更新短期贷款/还本付息/申请短期贷款				
更新应付款/归还应付款				
原材料入库/更新原料订单				
下原料订单				
购租厂房				

续表

企业经营流程 请按顺序执行下列各项操作	每执行完一项操作，CEO请在相应的方格内打钩。 财务总监（助理）在方格中填写现金收支情况。		
新建生产线/在建生产线/生产线转产/出售生产线			
开始生产			
更新应收款/应收款收现			
按订单交货			
出售厂房			
产品研发投资			
支付行政管理费			
其他现金收支情况登记			
支付利息/更新长期贷款/申请长期贷款			
支付设备维护费			
支付租金/购买厂房			
计提折旧			
新市场开拓/ISO资格认证投资			
结账			
现金收入合计			
现金支出合计			
期末现金对账（请填余额）			

附表 A－20　订单登记表

订单号									合计
市场									
产品									
数量									
账期									
销售额									
成本									
毛利									
未售									

附表 A-21 产品核算统计表

项目	P1	P2	P3	P4	合计
数量					
销售额					
成本					
毛利					

附表 A-22 综合管理费用明细表 　　百万元

项目	金额	备注
管理费		
广告费		
设备维护费		
转产费		
租金		
市场准入开拓		□本地　□区域　□国内　□亚洲　□国际
ISO 资格认证		□ISO 9000　□ISO 14000
产品研发		P1（　）P2（　）P3（　）P4（　）
信息费		
其他		
合计		

附表 A-23 利润表

项目	上年数	本年数
销售收入		
直接成本		
毛利		
综合管理费用		
折旧前利润		
折旧		
支付利息前利润		
财务费用		
税前利润		
所得税		
净利润		

附表 A－24　资产负债表

资产	期初数	期末数	负债和所有者权益	期初数	期末数
流动资产：			负债：		
现金			长期负债		
应收款			短期负债		
在制品			应付账款		
成品			应付税金		
原材料					
流动资产合计			负债合计		
固定资产：			所有者权益：		
土地和建筑			股东资本		
机器与设备			利润留存		
在建工程			年度净利		
固定资产合计			所有者权益合计		
资产合计			负债和所有者权益合计		

第 4 年

附表 A－25　企业经营流程

企业经营流程 请按顺序执行下列各项操作	每执行完一项操作，CEO 请在相应的方格内打钩。 财务总监（助理）在方格中填写现金收支情况。			
新年度规划会议				
参加订货会/登记销售订单				
制订新年度计划				
支付应付税金				
季初现金盘点（请填余额）				
更新短期贷款/还本付息/申请短期贷款				
更新应付款/归还应付款				
原材料入库/更新原料订单				
下原料订单				
购租厂房				

企业经营流程 请按顺序执行下列各项操作	每执行完一项操作，CEO 请在相应的方格内打钩。 财务总监（助理）在方格中填写现金收支情况。			
新建生产线/在建生产线/生产线转产/出售生产线				
开始生产				
更新应收款/应收款收现				
按订单交货				
出售厂房				
产品研发投资				
支付行政管理费				
其他现金收支情况登记				
支付利息/更新长期贷款/申请长期贷款				
支付设备维护费				
支付租金/购买厂房				
计提折旧				
新市场开拓/ISO 资格认证投资				
结账				
现金收入合计				
现金支出合计				
期末现金对账（请填余额）				

附表 A – 26　订单登记表

订单号						合计
市场						
产品						
数量						
账期						
销售额						
成本						
毛利						
未售						

附表 A – 27　产品核算统计表

项目	P1	P2	P3	P4	合计
数量					
销售额					
成本					
毛利					

附表 A – 28　综合管理费用明细表　　　　百万元

项目	金额	备注
管理费		
广告费		
设备维护费		
转产费		
租金		
市场准入开拓		□本地　□区域　□国内　□亚洲　□国际
ISO 资格认证		□ISO 9000　□ISO 14000
产品研发		P1（　）P2（　）P3（　）P4（　）
信息费		
其他		
合计		

附表 A – 29　利润表

项目	上年数	本年数
销售收入		
直接成本		
毛利		
综合管理费用		
折旧前利润		
折旧		
支付利息前利润		
财务费用		
税前利润		
所得税		
净利润		

附表 A－30　资产负债表

资产	期初数	期末数	负债和所有者权益	期初数	期末数
流动资产：			负债：		
现金			长期负债		
应收款			短期负债		
在制品			应付账款		
成品			应付税金		
原材料					
流动资产合计			负债合计		
固定资产：			所有者权益：		
土地和建筑			股东资本		
机器与设备			利润留存		
在建工程			年度净利		
固定资产合计			所有者权益合计		
资产合计			负债和所有者权益合计		

第 5 年

附表 A－31　企业经营流程

企业经营流程 请按顺序执行下列各项操作	每执行完一项操作，CEO 请在相应的方格内打钩。 财务总监（助理）在方格中填写现金收支情况。			
新年度规划会议				
参加订货会/登记销售订单				
制订新年度计划				
支付应付税金				
季初现金盘点（请填余额）				
更新短期贷款/还本付息/申请短期贷款				
更新应付款/归还应付款				
原材料入库/更新原料订单				
下原料订单				
购租厂房				

企业经营流程 请按顺序执行下列各项操作	每执行完一项操作，CEO 请在相应的方格内打钩。 财务总监（助理）在方格中填写现金收支情况。			
新建生产线/在建生产线/生产线转产/出售生产线				
开始生产				
更新应收款/应收款收现				
按订单交货				
出售厂房				
产品研发投资				
支付行政管理费				
其他现金收支情况登记				
支付利息/更新长期贷款/申请长期贷款				
支付设备维护费				
支付租金/购买厂房				
计提折旧				
新市场开拓/ISO 资格认证投资				
结账				
现金收入合计				
现金支出合计				
期末现金对账（请填余额）				

附表 A-32　订单登记表

订单号										合计
市场										
产品										
数量										
账期										
销售额										
成本										
毛利										
未售										

附表 A-33 产品核算统计表

项目	P1	P2	P3	P4	合计
数量					
销售额					
成本					
毛利					

附表 A-34 综合管理费用明细表　　　　百万元

项目	金额	备注
管理费		
广告费		
设备维护费		
转产费		
租金		
市场准入开拓		□本地　□区域　□国内　□亚洲　□国际
ISO 资格认证		□ISO 9000　□ISO 14000
产品研发		P1（　）P2（　）P3（　）P4（　）
信息费		
其他		
合计		

附表 A-35 利润表

项目	上年数	本年数
销售收入		
直接成本		
毛利		
综合管理费用		
折旧前利润		
折旧		
支付利息前利润		
财务费用		
税前利润		
所得税		
净利润		

附表 A-36　资产负债表

资产	期初数	期末数	负债和所有者权益	期初数	期末数
流动资产:			负债:		
现金			长期负债		
应收款			短期负债		
在制品			应付账款		
成品			应付税金		
原材料					
流动资产合计			负债合计		
固定资产:			所有者权益:		
土地和建筑			股东资本		
机器与设备			利润留存		
在建工程			年度净利		
固定资产合计			所有者权益合计		
资产合计			负债和所有者权益合计		

第 6 年

附表 A-37　企业经营流程

企业经营流程 请按顺序执行下列各项操作	每执行完一项操作，CEO 请在相应的方格内打钩。 财务总监（助理）在方格中填写现金收支情况。			
新年度规划会议				
参加订货会/登记销售订单				
制订新年度计划				
支付应付税金				
季初现金盘点（请填余额）				
更新短期贷款/还本付息/申请短期贷款				
更新应付款/归还应付款				
原材料入库/更新原料订单				
下原料订单				
购租厂房				

续表

企业经营流程 请按顺序执行下列各项操作	每执行完一项操作，CEO 请在相应的方格内打钩。 财务总监（助理）在方格中填写现金收支情况。		
新建生产线/在建生产线/生产线转产/出售生产线			
开始生产			
更新应收款/应收款收现			
按订单交货			
出售厂房			
产品研发投资			
支付行政管理费			
其他现金收支情况登记			
支付利息/更新长期贷款/申请长期贷款			
支付设备维护费			
支付租金/购买厂房			
计提折旧			
新市场开拓/ISO 资格认证投资			
结账			
现金收入合计			
现金支出合计			
期末现金对账（请填余额）			

附表 A-38　订单登记表

订单号								合计
市场								
产品								
数量								
账期								
销售额								
成本								
毛利								
未售								

附表 A –39　产品核算统计表

项目	P1	P2	P3	P4	合计
数量					
销售额					
成本					
毛利					

附表 A –40　综合管理费用明细表　　　　　　百万元

项目	金额	备注
管理费		
广告费		
设备维护费		
转产费		
租金		
市场准入开拓		□本地　□区域　□国内　□亚洲　□国际
ISO 资格认证		□ISO 9000　□ISO 14000
产品研发		P1（　）P2（　）P3（　）P4（　）
信息费		
其他		
合计		

附表 A –41　利润表

项目	上年数	本年数
销售收入		
直接成本		
毛利		
综合管理费用		
折旧前利润		
折旧		

续表

项目	上年数	本年数
支付利息前利润		
财务费用		
税前利润		
所得税		
净利润		

附表 A－42　资产负债表

资产	期初数	期末数	负债和所有者权益	期初数	期末数
流动资产:			负债:		
现金			长期负债		
应收款			短期负债		
在制品			应付账款		
成品			应付税金		
原材料					
流动资产合计			负债合计		
固定资产:			所有者权益:		
土地和建筑			股东资本		
机器与设备			利润留存		
在建工程			年度净利		
固定资产合计			所有者权益合计		
资产合计			负债和所有者权益合计		

附录 B　生产计划及采购计划

表 B–1　生产计划及采购计划编制举例

生产线		第1年				第2年				第3年			
		第1季度	第2季度	第3季度	第4季度	第1季度	第2季度	第3季度	第4季度	第1季度	第2季度	第3季度	第4季度
1 手工	产品			P1			P1					P2	P2
	材料		R1										
2 手工	产品		P1			P1							
	材料	R1			R1								
3 手工	产品	P1			P1								
	材料												
4 半自动	产品		P1		P1								
	材料	R1											
5	产品												
	材料												
⋮	产品												
	材料												
合计	产品	1P1	2P1	1P1	2P1								
	材料	2R1	1R1		1R1								

表 B–2　生产计划及采购计划编制（1~3 年）

生产线		第 1 年				第 2 年				第 3 年			
		第 1 季度	第 2 季度	第 3 季度	第 4 季度	第 1 季度	第 2 季度	第 3 季度	第 4 季度	第 1 季度	第 2 季度	第 3 季度	第 4 季度
1	产品												
	材料												
2	产品												
	材料												

生产线		第1年				第2年				第3年			
		第1季度	第2季度	第3季度	第4季度	第1季度	第2季度	第3季度	第4季度	第1季度	第2季度	第3季度	第4季度
3	产品												
	材料												
4	产品												
	材料												
5	产品												
	材料												
6	产品												
	材料												
7	产品												
	材料												
8	产品												
	材料												
合计	产品												
	材料												

表 B-3　生产计划及采购计划编制（4~6 年）

生产线		第4年				第5年				第6年			
		第1季度	第2季度	第3季度	第4季度	第1季度	第2季度	第3季度	第4季度	第1季度	第2季度	第3季度	第4季度
1	产品												
	材料												
2	产品												
	材料												
3	产品												
	材料												
4	产品												
	材料												
5	产品												
	材料												

生产线		第4年				第5年				第6年			
		第1季度	第2季度	第3季度	第4季度	第1季度	第2季度	第3季度	第4季度	第1季度	第2季度	第3季度	第4季度
6	产品												
	材料												
7	产品												
	材料												
8	产品												
	材料												
合计	产品												
	材料												

参 考 文 献

[1] 陈春花. 经营的本质［M］. 北京：机械工业出版社，2013.

[2] 邓文博，曾苑. 企业经营管理沙盘模拟实训教程［M］. 2 版. 北京：化学工业出版社，2016.

[3] 刘平. 企业经营沙盘模拟实训手册［M］. 3 版. 北京：清华大学出版社，2018.

[4] 陶正，王娟，包忠明. 企业经营沙盘实训教程［M］. 北京：中国纺织出版社，2014.

[5] 孙张，王飞. ERP 企业经营沙盘模拟实训教程［M］. 北京：清华大学出版社，2015.

[6] 于兆河，李艳杰. 企业经营沙盘模拟［M］. 北京：科学出版社，2011.

[7] 高市，王晓霜，宣胜瑾. ERP 沙盘实战教程［M］. 大连：东北财经大学出版社，2008.

[8] 徐峰，孙伟力，王新玲. ERP 沙盘模拟实验指导书［M］. 南京：南京大学出版社，2013.

[9] 周柏翔. 企业管理决策模拟［M］. 北京：化学工业出版社，2012.

[10] 花峰. 企业模拟经营（ERP 沙盘模拟）实训［M］. 北京：清华大学出版社，2009.

[11] 陈丽. 企业经营沙盘模拟理论与实务［M］. 北京：北京理工大学出版社，2017.

[12] 彭十一. ERP 沙盘模拟实训教程［M］. 北京：北京理工大学出版社，2015.

[13] 纪炳南. 现代企业管理教程［M］. 北京：清华大学出版社，北京交通大学出版社，2011.